八木山物語

＊この本に登場する方の年齢、肩書や年号、地名、組織名などの一部は地域コミュニティ新聞「さかみち」掲載時のままです。

目次

プロローグ……4
八木家の物語……7
八木山の隣は仙台城だ……31
山の総合開発が始まった……39
宮城女専が移転、向山小が誕生した……89
そのころ日本は戦争をしていた……101
放送局、野草園、動物公園……135
宅地造成の波が……169
八木家が遊園地を始めた……197
大地震が襲った……207
八木山に大病院が来た……221
あとがき……244

プロローグ

東京から東北新幹線に乗って、もうすぐ仙台に到着というころ、車窓左側に四本のテレビ塔が意気天を突くように姿を現します。「あれを見ると仙台に帰ってきたっていう実感がわく」と多くの人が言います。ご存知のように大年寺山にそびえているのは左から仙台放送、NHK・東北放送・東日本放送の地デジ用共用、それに宮城テレビ、ちょっと離れたところにあるのが東北放送のアンテナです。

　このあたりが太白区八木山《やぎやま》地区で、人口約五万人の住宅地が広がっています。それだけではなく、仙台市の動物公園や野草園はじめ遊園地、高校、大学、放送局、総合病院がある文化地区で、平成二十七年度には地下鉄東西線が動物公園まで開通する予定です。一方では古い団地に共通する住民の高齢化が進み、生活に支障が出るといった問題も抱えています。

　多くの新興住宅団地がそうであるように、ここも昭和二十年代後半から山を切り開き、谷を埋めてつくられました。その点ではよその宅地造成と少しも変わりありません。が、ここには地域開発にかける先人の信念、哲学の残像みたいなものがありました。「哲学のある団地だって?」まあ、詮索は後回しにして、まずは八木山の歴史探訪に出かけましょう。

◇

　長い物語は、四代目、五代目ふたりの久兵衛《きゅうべい》さんの話から始まります。姓は八木です。「もしかしたら八木山と関係のある人では」と思う方がいるかも知れません。ピンポーン。正解です。大正から昭和にかけて山は仙台の富豪八木家の所有でした。

　仙台城に隣接したこの山は、江戸のころは仙台藩の藩有地で、住民の立ち入りを禁止したので、樹木がう

4代目八木久兵衛

5代目八木久兵衛

っそうと茂っていました。明治になると、諸々の経過を経て樹木の伐採を巡る訴訟となります。自然が好きで、この山を愛していた四代目久兵衛さんは、荒れ果てていく山に胸を痛め「訴訟ごと引き受けましょう」と山を買い求めました。

四代目の遺志を継いだ五代目久兵衛さんは、十数年かけて山を開発します。けものみちしかなかった山へ登る二本の幹線道路とつり橋を架け、高台にはベーブ・ルースが来て試合をした野球場や陸上競技場、遊園地、公園を完成させます。ちょうど、昭和初期の不況のさなか、現在のお金にして三十億円を超す私財を湯水のように使った大事業でした。しかも完成後は、道路も諸施設もそっくり宮城県や仙台市に寄付をしてしまう気前の良さですから、普通の人にできることではありません。

巨万の富を築いた長者はたくさんいます。その富を社会のため、市民のために提供しようという人はわずかです。米国の鉄鋼王カーネギーは、富というものは「神からゆだねられた神聖なもの」との信条から私財を学校、図書館、科学研究、社会事業に投じました。ふたりの久兵衛さんも本来なら行政がやるべきことを、自分の財産を使ってやり通したのです。なぜ、これほどまでに山に情熱を傾けたのでしょうか。このへんの事情について、仙台市史は、こう述べています。

「八木氏は、仙台が杜《もり》の都と呼ばれ、快適な健康地と思われながらも、結核の死亡率の高い土地であるので心を痛めていた。（少しでも患者を減らそうと）市民の健康増進とレクリレーションのための運動場と遊園地、公園を建設しようと考え、その位置、面積、環境などの条件を備えた越路山《こえじやま》（現在の八木山）を候補地に選んでいた。経済活動としてよりは、市民の体力増進という社会奉仕の見地から山の開発と取り組んだのである」。

当時、国民病と言われた結核は、予防法も治療法もなく、しかも空気伝染するやっかいな病気でした。久兵衛さん親子は、空気の澄んだ高台で運動や散策に汗を流したら、少しでも結核患者が減るのではないかと、期待して「健康づくり」の場所を提供したのでした。

何の見返りもない事業に、おおまじめで取り組んだふたりの奮闘ぶりから「八木山物語」は展開していきます。

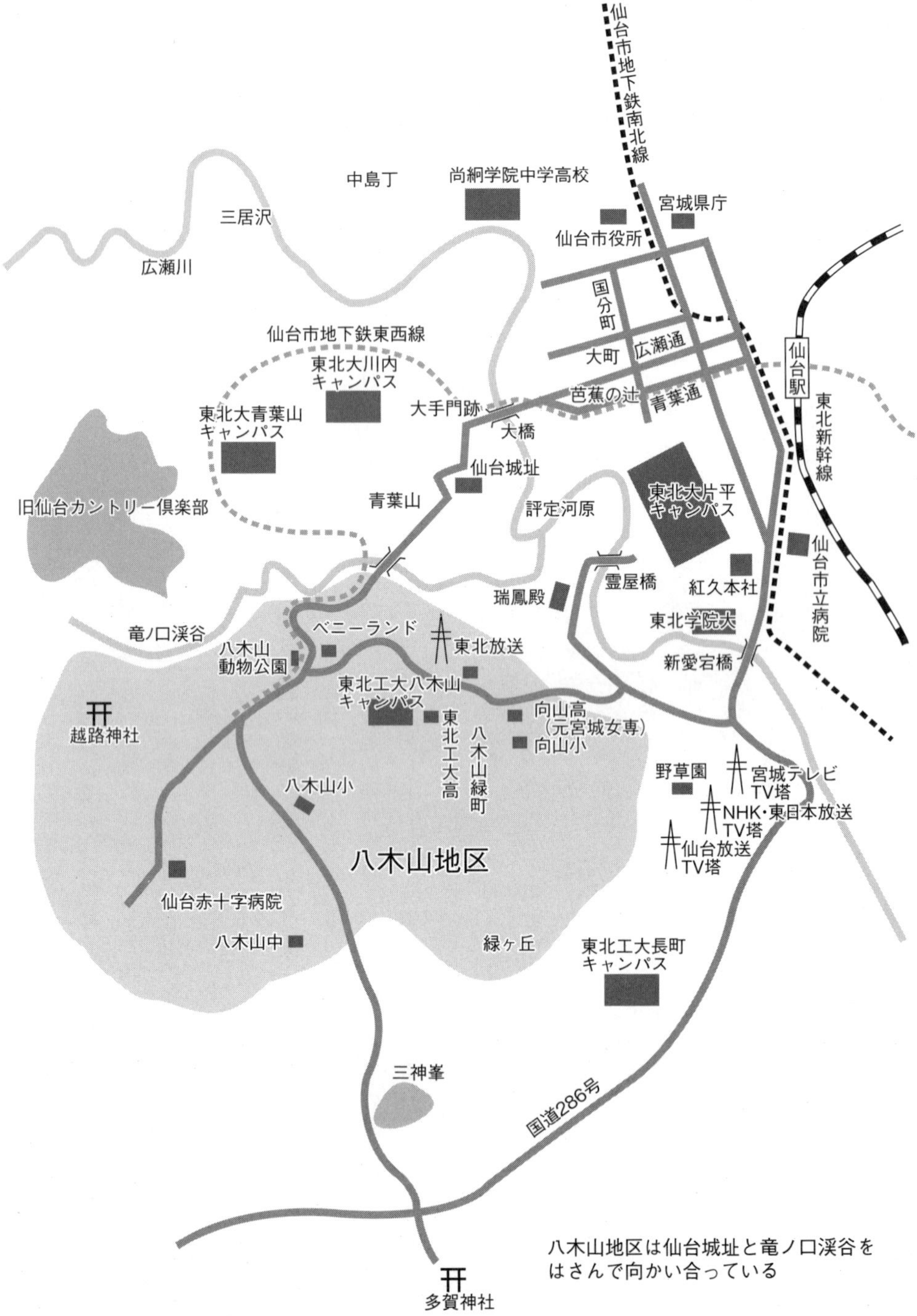

八木山地区は仙台城址と竜ノ口渓谷をはさんで向かい合っている

八木家の物語

初代ははるばる京都からやって来た

藩政時代はもちろん、明治になってからもしばらくの間、仙台の繁華街の中心は「芭蕉の辻」でした。八木家四代目久兵衛さんは、江戸末期の嘉永三年（一八五〇）三月二十五日、大町「紅久《べにきゅう》」の次男として生まれました。家は辻の東南角から二軒目にあり紅、髪油、おしろいなど化粧品、小間物を売っていました。ペリーの黒船が開国を求めて浦賀にやってくるのはそれから三年後です。

「芭蕉の辻」は、伊達政宗が築城した仙台城から大橋を渡って、東に向かったところ、大町《おおまち》と国分町《こくぶんちょう》の交差点にあります。国分町は、いまでは二千軒を超える飲食店が並ぶ東北一のネオン街です。その昔は奥州街道と呼ばれた交通の要路で、道路の両側に旅籠が何軒もあってにぎわっていました。

それよりも「芭蕉の辻」の景観は、他国に聞こえた仙台の名所でした。江戸の末期訪れた寺西元永は、彼の著作「陸奥日記」のなかで「四辻に二階づくりの大きな家が四軒あり、それぞれの家の隅々に獅子あるいは波にうさぎ、竜などしゃちほこのごときを置き、殊のほか目立つ家作なり」と記しています。

「芭蕉の辻」の正式な名称は、札の辻です。それがいまのようになったのは、ここに芭蕉樹があったからだとか、繁華な場所という意味の「場所の辻」がなまったなどの説、政宗が使っていた「忍びの者」の芭蕉の功績をたたえ、辻の近くに屋敷を与えたのが起こりだという人もいます。俳人芭蕉は元禄二年（一六八九）「奥の細道」紀行で仙台を訪れています。辻の名称はその前からあったので関係はなさそうです。

八木家は、創業以来、辻の南側で商売をしていました。四代目久兵衛さんのころ、明治二十三年一月十三日の火事で焼け出され、向かい側の現在の日本銀行仙台支店のところに間口四間の店を構えます。この店は太平洋戦争中の昭和十七年まで営業していましたが、原料難から閉店してしまいます。

明治のころから付近は、銀行や生命保険会社が軒を並べる仙台の金融街になりました。銀行、生保、証券

江戸時代の芭蕉の辻かいわい。「紅久」は手前右側にあった

会社の大半は、昭和四十年代にJR仙台駅近くの青葉通に移ってしまいました。それでも生保会社などがまだ残っており、往時をしのぶことができます。「紅久」の創業は、江戸中期の宝暦年間と言われます。残念ながら、当時の詳しい資料は八木家には残っていません。したがって、ほかの調査や証言に頼らざるを得ません。五代目久兵衛さんの四男、仙台市太白区八木山緑町、紅久株式会社取締役会長の八木栄治さん（九十一歳）は、こう語ります。

「初代は丹波の国八木村（現在の京都府）の人で、宝暦年間に仙台に移り、商売を始めたと聞いています。伊達家に対する功績が認められ、八木姓を賜ったということです」。また、五代目の孫に当たる同市太白区長町越路、同社取締役の八木喜久男さん（故人）は「山形が紅の産地として有名で、おそらく紅の買い付けで東北に来ているうちに、仙台の話を聞き、移住することになったのではないでしょうか」。

十八世紀ころ、仙台への経済人の交流は活発で、仙台の豪商は近江の国（いまの滋賀県）など関西からの移住者が主流でした。豪商のナンバーワン、大町一丁目、日野屋中井新三郎は、滋賀県日野町の出身です。

このほかに、薬品、小間物、木綿商などで成功したケースがあります。近江は仙台藩の飛び地であり、その関係から自然、この地と仙台との人や物の行き来が頻繁になったのでしょう。彼らは、仙台を根拠地に、集めた原材料を奥羽山脈を越え、最上川を下って酒田まで運び、日本海を渡って近江で加工し、製品を逆コースで仙台まで持ってきて販売しました。近江商人の活躍は、仙台藩内の経済を潤しました。半面、生産加工の部門の発展を妨げたと言われます。

「紅久」の創業時期については異論もあります。宝暦年間というと、江戸中期の一七五〇年代です。しかし、郷土史を勉強している田村昭さんの調査では、「紅久」創業は天明三年（一七八三）となっています。創業の時期が合いませんが、仙台の老舗には違いありません。参考までに、田村さんの資料によると、仙台で一番古い商家は田善銅器店（一五九六）、それから河原町にあった五軒茶屋（一六二三）、千松島酒造（一六七三）などがあります。

いずれにしろ、「べには紅久」のキャッチフレーズで創業から仙台の一等地に店を構え、後に名字帯刀をもらう家柄です。格式のある店だったことでしょう。

江戸末期の嘉永六年（一八五三）、ちょうど四代目の生後三年目のことです。仙台藩は経済的に困って、商人から合計一万両の借金をします。当時、藩は、幕末の混乱の中で尊王・佐幕どちらに付くべきか重臣の意見がまとまらず混乱していたほか、天明、天保の飢饉で経済上だけでなく、すべて力を失っており、緊縮財政を打ち出していました。藩の要請にこたえて最高額を拠出したのは例の「日野屋」の九百両でした。当時の豪商と言われた人たちの拠出額は、百両前後でしたが、「紅久」が貸した金は十五両にすぎません。あまり豊かな財政とは言えなかったようです。

どの商売でも長い間には浮き沈みがあります。八木家も例外ではありませんでした。古い川柳に「唐様で売り家と書く三代目」というのがあります。八木家の場合は、三代目ならぬ二代目がちょっと手を抜いたのか、若干落ち目になりました。二代目は、仙台近郊から婿養子として入籍しました。性格は豪放、人付き合いも良かったのですが、商人には向かない人で、借金が増えて行きました。三代目になっても、後遺症は続いていたのです。

味噌造りで成功　一代で大金持ちに

明治になって「紅久」に大きな富をもたらしたのは、四代目久兵衛さんです。この人についての資料はたくさんあります。

まず、仙台市史から。

「氏は、明治二十一年市議会議員となり、かつ財界の重鎮として宮城殖産、七十七両銀行の頭取に挙げられ、同三十八年仙台商業会議所（現在の商工会議所）会頭として実業界に貢献するところ多く、大正七年貴族院議員に当選、のち数多くの公職を辞して七十七銀行頭取のみを専念し財界のために手腕を振るう」

七十七銀行頭取、仙台商工会議所会頭と言えば、仙台を代表する経済人のひとりです。「一代にして巨富を築き」との表現も市史に見られます。

江戸末期の嘉永二年三月、「紅久」三代目久兵衛さんの次男として生まれた四代目の幼名は栄治です。もちろん、生まれたばかりの久兵衛さんには分かりません。世情騒然としたときで、この年、外国船の漂流が相次いだとか、各藩が鉄砲を買い求め、幕府が沿岸の警備強化を命令したと歴史年表にあります。

以後、日本はまれに見る変革を遂げます。長い間の鎖国から開国の道を選択し、徳川幕府が大政を奉還、明治維新が実現します。仙台藩は、奥羽越列藩同盟の中心として幕府側に付き、官軍と砲火を交えますが、破れてしまいます。戊辰の役です。

この間「紅久」の状態はどうだったのか、あるいは久兵衛さんの身辺にどんな変わりようがあったのかは、資料がなく分かりません。判明しているのは、兄の新七さんが明治四年、三十二歳の働き盛りで亡くなったので後継者になったことです。当時、商家の跡取りは他人の家に住み込んで仕事の勉強をするのが常でした。久兵衛さんもその例に漏れず、町内の呉服商「木久」で奉公しています。この店は「紅久」の親戚筋に当たりました。明治五年、今度は、父親が病没、四代目を襲名します。二十三歳の時でした。

七十七銀行が発行している「七十七銀行報」に宮沢良二さんが「草稿歴代頭取伝・第八代頭取八木久兵衛

翁の巻」（昭和三十九年、一二八号）を書いています。

「四代目として家を継ぐと、深く家運の衰えたのを嘆き心中期するところがあった。そこで翁（久兵衛さんのことです）は、朝は鶏の鳴き出すと同時に起き、家業に精励し、夏は文字通り流汗淋漓《りゅうかんりんり》として働き、冬は手足にあかぎれをいっぱい出して身をすり減らすというふうで、少しも怠るということがなかったから家業も少しずつ良くなってきた」。何やら時代がかった立志伝的な表現です。が、若いころの久兵衛さんの努力の様子が分かるようです。

明治十五年四月発行の「宮城県人物見立て一覧」には早速久兵衛さんのことが紹介されています。「唐糸商としては、小西栄蔵、八木久兵衛が知られる」との記述があります。

同年発行の「宮城県長者番付」で、久兵衛さんは、まだ西の前頭二十二枚目です。同二十四年八月発行の「番付」では、東の七番目に躍進しています。参考までに、仙台のトップは佐藤助五郎、以下伊沢平蔵、佐々木重兵衛、藤﨑三郎助、金須松三郎、小野潤蔵の順序、郡部のトップは斎藤善右衛門でした。

定説では久兵衛さんは味噌醸造業を始めて財を成したことになっています。ここで、だれでも思い付くのは「仙台味噌」のことでしょう。仙台味噌は、上方の「白味噌」に対する、いわゆる「赤味噌」で、別名三年味噌とも言われました。江戸のころ、真壁屋市兵衛という人が仙台の国分町に間口十五間の店を構え「仙台味噌」の看板を出して売り出したのが始まりだという説、江戸・品川の仙台藩屋敷に勤務する武士三千余人のために藩がここに味噌醸造所を造ったのが起源だとの説もあります。

明治維新で仙台藩は解体されます。こうなると経済的自立のため、江戸の醸造所が大きな意味を持ってきます。橋本虎之助著「仙台戊辰物語」によると、伊達家は、お家再興のために藩のお金をここに移し、伊達家直営の仙台味噌醸造を始めました。しかし、長くは続きませんでした。「武家の商法」そのままに、事業は失敗、明治十八年か九年ころに久兵衛さんと、やはり仙台の財界人谷井源兵衛さんのふたりにそっくり委譲されたのでありました。

久兵衛さんが、仙台と東京で始めた味噌造りは当たりました。東京の分は弟の八木忠助さんにまかせ、仙

八木家の正門から人力車に乗った人が出ていく

台の本店は自分が指揮しました。後に、仙台では醤油醸造にも進出、丸印のなかに大の字を入れた「まる大味噌」として昭和五十年代まで製造販売されていました。醸造業をやめた今も土地は「紅久」の所有で、同社本社のほかにアパートや駐車場を経営しています。

仙台の本店はもう廃業したのに、東京では、今も八木一族が味噌造りをしています。東京・品川の伊達家の江戸屋敷の一部約二千坪を買い取り、明治以来「仙台味噌」の伝統を守っているのです。経営者の八木忠一郎さんは言います。「わずかな量ですが、この味噌でなくっちゃあという根強いファンがいて、何とか商売になっています。最近、雑誌で宮内庁ご用達の店とか、こだわりの味とか取り上げられて、見学に来る人も多いのですよ」。

八木家の味噌は仙台では絶えてしまいました。どっこい東京では生き残っていました。

何をしてもうまくいった強運の男

折に触れてお目にかかる写真が一枚あります。いつのころ撮影したのでしょうか。黒い服を着て、ちょっと横向きのポーズです。古い写真の人物に共通しているのは気取って、しかも妙に威厳があることです。この写真でも久兵衛さんは、目の鋭い、いかにもきかなそうな親父に写っています。根っからの商人であるはずなのに、そのイメージはわいてきません。

当然のことながら、久兵衛さんと私は面識がありません。彼は幕末の生まれで、私は彼の死後に誕生しています。それでも、こんなにはっきりと印象を語ることができるのは、母（九十一歳）の話が根底にあるからでしょう。母は四代目久兵衛夫人さくさんの姪に当たります。若くして両親に死別した母をふびんに思ったおばが八木邸に住まわせてくれたのでした。もちろん四代目が健在のころです。四代目を何度も見ています。母は言います。

「背丈が高くて、かっぷくが良くて、その上とっても声の大きい人でね。家ではワンマンもいいところだった。銀行の頭取をしていたので、毎日のように幹部の人が自宅まで報告に来るんだけど、気に入らないことがあると、あたりに響く大きな声をあげてどなりつけるの。あるときなんか、逃げるようにして帰る銀行の人を『ばか者』と言いながら追いかけたことがあった。おっかないから、皆ぶるぶるしていたものだよ」。すごい迫力。やさしい現代の男性には想像もつかない威圧感があったようです。

そのさくさんが、四代目の話として母にこう教えてくれたそうです。「あの人は常に言うんだよ。おれは何をやっても結果はいいほうに傾くのだ。不思議な運に恵まれた男だよって」。かの松下幸之助さんも、自分の業績の九五パーセントは幸運によるもので、努力の分はわずか五パーセントだ、と言っていたと聞きました。成功とは、そんなものなのでしょうか。

これからお話する、明治中期の鉄道史からも、彼の「強運」ぶりが伝わってくることでしょう。

東京から仙台まで、厳密に言うと上野から塩竈までの東北本線が開通したのは、明治二十年十二月十五日、今からざっと百十年前のことです。開業式の後、上野を出発して塩竈に向かった処女列車は、あいにくの吹雪に悩まされました。仙台駅では列車を一目見ようと沢山の人が長時間待っていましたが、なかなか列車は着きません。到着したのは、定刻の四時間後でした。

開業当時の列車ダイヤは旅客列車が日に四往復、うち上野―塩竈直通は一本だけでした。所要時間はざっと十三時間、新幹線で列車によっては東京―仙台間が二時間を切る現代から見れば、隔世の感があります。

鉄道を建設したのは、日本鉄道株式会社です。明治になって近代化を急ぐわが国は、必然的に富国強兵策を取ります。欧米列強諸国と肩を並べていくためには、国を富ませ、兵力を強める必要がありました。しかも急を要したのです。鉄道は官営か民営かで論議がわき、結局、私設鉄道会社の方法を取ることになり、会社は明治十四年に誕生しました。

同社の定款第一条には「日本鉄道株式会社ニ於テ東京ヨリ高崎ヲ経テ前橋ニ至リ、夫ヨリ白河、仙台、盛岡ニ至ル鉄道ヲ建設シ、運輸ノ業ヲ営ムコトヲ特許ス」とあります。これから二十五年後、会社は国に買収されますが、株主には旧藩主、実業家などそうそうたる人たちが顔をのぞかせていました。

設立当初の東北六県の株主名簿があります。このうち、宮城県分としては十九人が載っています。最高は加川直助四百二十二株、ついで松平正直三百二十株とあり、久兵衛さんが第三位で二百九十五株、四位は伊沢平蔵の二百株でした。

「実は、鉄道株で大もうけをしたと聞いています」と証言するのは、「紅久」の取締役会長八木栄治さんです。「鉄道ができたばかりのころ、海のものとも山のものとも分からない鉄道を敬遠する人が多かったしいですね。久兵衛は東京の兜町に使用人をふたり派遣して、鉄道株を買いあさった。国が買収するころは大株主になっていて、しかも高い値段で売れたということです」。

古い資料は残っていません。でもよく考えると株式会社と言っても政府が建設工事を手掛け、利子補給や免税など手厚い保護政策で発足した会社です。ご維新で没落した旧藩主などを経済的に援助しようというね

鉄道が開通したころの仙台駅。モダンな洋風建築だった

らいもあって大株主に迎えていました。それに「将来は国が買収できる」という条件をつけているのですから、実体は「親方日の丸」に近い安定した会社です。有望株を手放す人がいるのだろうか、との疑問もわいてきます。現実には、諸々の事情から現金化する向きもあったのでしょう。

ついでながら言うと、久兵衛さんは、鉄道とか電車といった動くものに関心を持っていました。大正七年、仙台と山形を結ぶ仙山線期成同盟会ができると早速参加し、仙台支部長として活躍します。仙山線は、運動のかいあって、同十年建設予定線に編入されますが、同十一年削除、その翌々年再び編入されるというあわただしい経過をたどります。そして久兵衛さんの死後の昭和十二年、面白山トンネルの開通を待ち全通します。このほか、仙台市街電車にも関心を示し、十五万円という大金を「市営電車を設立するために役立てて下さい」と仙台市に寄付を申し出します。この部分はこの後で紹介します。

文明開化とともに姿を見せた新しいモータリゼーションにあこがれたハイカラさんでもありました。

市電も公園もポンと寄付の気前良さ

十人十色と言います。無くて七癖という言葉もありますね。人それぞれ顔かたちが違うように性格、好みも異なります。八木家四代目当主久兵衛さんの「七癖」のひとつは、寄付をすることでした。貧者の一灯どころか、リッチマンのそれは、けたも違います。

仙台市が企画・出版した「仙台の歴史」によると、久兵衛さんが市に寄与したものとして、第一に市営電車、第二に八木山公園をあげています。いずれも、彼の死後五代目久兵衛さんのころに日の目を見ています。

昭和五十一年まで仙台の中心部を市街電車が走っていました。今でも、アスファルトを掘り返すと線路が出てくるはずです。循環線は駅前―県庁市役所前―大学病院前―西公園―南町通―駅前を一周する路線です。このほかに循環線の北四番丁を起点に北仙台線、大学病院前から八幡町線、花京院からの原町線、仙台駅から南に長町線がありました。

仙台市電が開業したのは、大正十五年、四代目久兵衛さんの没後三年目のことです。開業時の路線は仙台駅前から西公園までの二・一二キロと、仙台駅前から荒町までの一・一八キロ。車両は木造四輪車十両で運行しました。路線は次々に拡張され、昭和三年循環線ができ、さらに循環線と接続する北仙台、八幡町、原町、長町線が延長されました。

市電を廃止した理由は、モータリゼーションの波に押されて利用者が減ったことでした。軌道を走る電車は交通渋滞の原因になるとの指摘もありました。市では代替輸送機関として地下鉄を採用、昭和六十二年から八乙女（後に泉中央まで延長）―富沢間の「日本で一番料金の高い」電車を運行しています。しかし、市電の廃止は、少し早過ぎたのではないか、廃止するとしても一部の路線は残してもよかったのではないかと思っています。排気ガスなどの公害を出さない大量交通機関なのですから。

市街電車構想は明治のころから何度も市議会で取り上げられました。昭和五十四年に発行した、仙台市交通局の「仙台市交通事業五十年史」によると、市営交通について初めて調査が行われたのは明治四十年、市議会の発案がきっかけでした。延々検討した結果、十二年後の大正七年、仙台市街鉄道と仙台―塩竈間、仙台―山形間の軽便鉄道建設を盛り込んだ意見書を採択します。これを基に市で検討しましたが、電車を通すためには膨大な費用がかかり、その上、狭い道路を拡張し、どこを通すか、競合社との折衝など問題山積です。

大正十二年、市街鉄道はやっと特許申請までこぎ着けました。同年九月、関東大震災に見舞われて業務が停滞、許可がいつ受けられるか、関係者はやきもきしていました。このときです。四代目久兵衛さんは、この事業に十五万円の寄付を申し出たのでした。当時の資料には、仙台駅前から南町通り経由西公園までの工事費が二十五万三千七百九十円とあり、この試算からみると久兵衛さんの寄付しようとしているお金で駅前から片平丁付近まで作れる莫大な金額でした。久兵衛さんは、この年の十一月に死去しています。体調悪く病床の中からの寄付申し出でした。

久兵衛さんは寄付をするに当たって六つの条件を付けました。寄付は大正十四年まで全額完納すること、

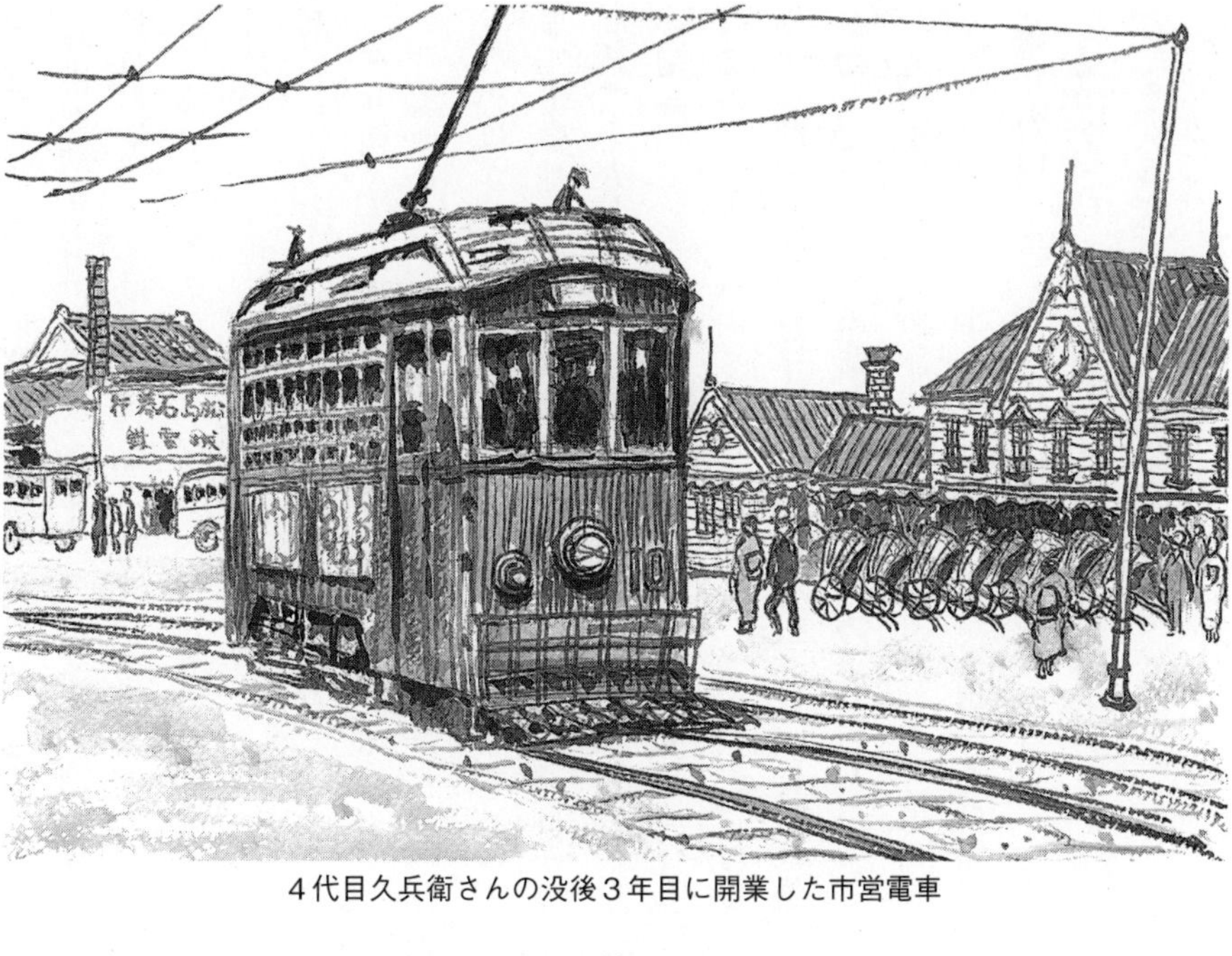

4代目久兵衛さんの没後3年目に開業した市営電車

この金は無駄に使わないでほしいなど、ごく当たり前の条件に混じって次のような文面が見られます。「予定線外ノ街路ト雖《いえど》モ市ノ経営上将来収益多クシテ損失割合ニ少ナキ場所ハ速カニ枝線又ハ単線を敷設相成様願度事」。この文章を素直に受け取れば、将来、経営的に採算がとれる所には、予定外の場所でも路線を増設してほしいという意味です。もっともなことです。

しかし真意は「寄付の見返りに、将来南町通りから芭蕉の辻まで路線を延長してほしい」ということだったようです。当時、市議会では市提案の第一期工事の循環線のほかに「大町線」「国分町線」を建設すべきだとの動議が議員から出され論議されていました。大町、国分町といえば江戸のころから商人町でだんな衆が多いところです。久兵衛さんは大町の出身です。彼の寄付は、間違いなくこれら商店街の意見を財政的に応援する役目を果たしました。

何と、この路線が実現したのです。古くから仙台に住んでいる方ならご記憶もあるでしょう。循環線の南町通りから芭蕉の辻までの約五百メートルに線路が敷かれていました。これだけでは価値もない盲腸線なので、利用者が少なく、結局廃止されるのですが、この路線が久兵衛さんの寄付の見返りでした。こうなると、「我田引鉄」の疑いも出てきます。「紅久」の取締役会長八木栄治さんは「将来、この路線を北四番丁まで延長してもらう考えだったのです。国分町、二日町の幅員が狭くて実現しないままに終わったようです」と話しています。

久兵衛さんの大きな寄付の二番目は、八木山公園です。この話はこれからたびたび出てきます。

このほかの寄付は数え切れないほどあります。自宅兼工場敷地として購入した土地の一部約二千三百坪を明治二十九年、県立一中（現在の仙台一高）建設のため割譲しています。代金は四千円でした。久兵衛さんはこのうち千三百円を学校の開校を祝って県に寄付します。邸宅と庭園を建設中の明治三十七年、日露戦争が始まると工事を中断「国恩に万分の一を報わん」と一万円を軍事費に献納する愛国者ぶりでした。県の公文書では、明治三十二年、八百八十戸を焼いた白石町（現在の白石市）大火に二回にわたって合計百二十円を見舞金として寄付したとの記録が残っています。ここでも久兵衛さんの七癖が顔を出していますね。

七千坪の土地に埋もれ木造りの豪邸

仙台のお屋敷町というと、中島丁、片平丁がよく引き合いに出されます。ふたつの町は、清流・広瀬川のほとりにあります。明治十六年、四代目久兵衛さんは、片平丁に近い田町に千六百坪の土地を買い求めました。伊達家から譲り受けた味噌醸造業を始めるためです。四年後の同二十年、隣接する南六軒丁に五千三百坪の土地を買い足します。現在の住居表示では仙台市青葉区五橋。向かいが東北学院大学、隣は東北大学工学部の敷地です。仙台藩士太田、奥山、中目三氏の屋敷でした。

合わせて約七千坪の土地の所有者（恐らく今なら百億円以上の資産でしょう）となった久兵衛さんは、このとき三十九歳。同年、仙台市の所得税調査委員、翌年には市会議員に選ばれます。屋敷のうち、江戸時代太田氏が使っていたかやぶきの門を修理して正門とし、敷地のうちの四千坪は味噌醸造工場に、残りは自宅にあてました。

久兵衛さんは、古木が茂り、泉がわいているこの場所が気に入っていました。もっとも魅力を感じたのは四方の眺望でした。北には泉岳、七ツ森、西には伊達政宗の霊廟がある経ケ峯《きょうがみね》から仙台城址を望み、南には広瀬川を隔てて愛宕山がすぐ近くに見えました。今、この付近は高いビル、マンションが林立して昔の眺望は夢のようです。

明治三十二年、久兵衛さんは工場の北側に自慢の邸宅を作り始めます。それまでは、芭蕉の辻、現在の日本銀行仙台支店前の「紅久」内に住んでいました。借家でせまくるしく、明治二十二年の冬、家主の承諾を得て居宅に二階を増築します。翌年火災で類焼、日銀支店の場所に土地を求めて移転します。

前に紹介した七十七銀行発行「七十七銀行報」で宮沢良二さんは、その経過をこう書いています。

「（芭蕉の辻の）借地には家屋が九軒あり、うちひとつが紅久の店舗であったが、狭く窮屈であった。と

今はまぼろし、八木家の邸宅と庭園。右側が埋もれ木の家（八木家提供）

きに書画を眺めようと思っても、掛ける床の間もなく、草花をめでようとしても植える土地がなかった。父・三代目久兵衛は適当な土地を求め、そこで竹木を栽植し小亭を構えて書画などをみたいものだと言っていたが、機会がないまま明治五年病没した。翁も父と同好の癖があり、父の生前果たさなかった希望を何とかかなえたいと思っていた。（中略）南六軒丁、田町に広い敷地を取得してから、ここに父の遺志を継ぎ邸宅を建てようと計画したが、設計に迷ううちに数年が過ぎた」

たまたま、明治三十二年に北上川で大洪水があり、水が引いた跡から巨大な埋もれ木が発見されました。直径一・五メートル、長さ十二メートルの炭化したケヤキの大木です。埋もれ木とは、石炭の一種で炭化度の低いものを言います。仙台城址や八木山の地下から多く採掘されており、外観は黒い褐色、木目構造が美しく表れている木質の亜炭で、これで作る銘々皿、鷹の像などは仙台特産として知られています。

「翁はかつて聞いたことがあった。政宗のころから北上川に欅《けやき》の巨材埋没しその一端水底に現れ、水枯れの折は往々舟の運行の邪魔になると言い伝えられていたが近世になっても時世をはばかって採掘する者がなかった。今、偶然洪水によって現れた。こういう良材は再び世に出ることはなかろう。これを裁断して小器を作るのは惜しい」（七十七銀行報）

ということで、これを買い求め、邸宅の目玉にすることにしました。出入りの棟梁に聞いたところ「優に家一軒は建ちます」との返事です。結局、床の間と十二畳、十畳のふたつの部屋、天井から廊下まですべて埋もれ木で作った家が完成、これに合わせて三千坪の敷地に、三百坪の池、自宅、庭園、泉水、築山、樹木、灯籠、庭石が配置されました。しかも庭師から建具、表具、左官、石工などはすべて地元の人、資材も宮城県産品を使ったところに特徴があります。

私も、子供のころ、この庭で遊んだことがありました。古木が垣根のそばまで生い茂っていて、池には小舟が浮かんでいました。ここが仙台市内だろうかと思えるくらい、静寂がみなぎっていました。

建設を始めてから完成まで十年の歳月を要したこの屋敷を、久兵衛さんは「自然堂」と命名しました。七十七銀行報には「翁は思うに、建造は最初漠然として詳しい設計もなかったのに、自然に景勝の土地を得、自然に埋もれ木の良材を得、自然にこのような屋敷になったのはすべて自然の成せる技である。勝海舟が何人の求めで揮毫されたか分からぬが、翁の意にかなったものだったので、これを買って屋敷の号とした」とあります。たまたま東京の町を一日散策中、骨董屋で勝海舟が書いたといわれる「自然堂」の額を見つけて買ったのです。

ここは、後に仙台を訪れる北白川宮、有栖川宮など皇族、政府高官、財界人、軍人の宿舎としても使われるようになります。仙台の迎賓館といったところでしょうか。皇族方は、木綿の薄い生地を召されたまま入浴されたそうです。

庭園と邸宅は、太平洋戦争開戦翌年の昭和十七年、見事なまでに解体されてしまいます。隣接していた仙台高等工業学校（現在の東北大工学部）に航空学科を新設するので土地がほしいという理由でした。まったく惜しいことをしたものです。残っていれば、市民が散策できる公園として利用されていたかもしれません。戦時一色のころの話は後でまた出てきます。

経営不振の銀行立て直しにも奮闘

明治から大正にかけて久兵衛さんは、「紅久」のほかに宮城殖産、七十七両銀行の頭取、仙台商業会議所（現在の仙台商工会議所）会頭、仙台瓦斯社長、東華生命社長などをしていました。

この中に登場する宮城殖産銀行は、明治二十六年の創立です。同年条例が改正されて、普通銀行で貯蓄預金を扱うことができなくなったので、七十七銀行の約八万円の貯蓄預金を引き継ぐために作られた銀行です。大正十年、五城銀行と改名、普通銀行の業務もやりますが、昭和になってから七十七銀行と合同します。

久兵衛さんは、明治二十六年から十二年間、同行の監査役をした後、明治三十八年、日露戦争のころから大正三年までの九年間頭取を務めました。この間、本店を大町から名掛丁に移したり、資本金を五万円から十万円に倍額増資することをやりました。

しかし、久兵衛さんが経営に心血を注いだのは、七十七銀行のことでした。監査役、取締役を経て明治四十四年頭取に就任します。以来大正十二年に死去するまで十三年間近くもずっと頭取を続けました。体調が悪くなると貴族院議員など、すべてのポストは手放しますが、七十七銀行だけは別でした。

同銀行は、明治十一年「第七十七国立銀行」として創設されました。「宮城県百科事典」（河北新報社編）によると、国立銀行制度は米国のナショナルバンク制度を模範に作られ、銀行紙幣発行の特権を与えられていました。当時全国では百五十三の国立銀行が誕生、その七十七番目に免許を受けた銀行です。

設立の目的は、宮城県内の産業振興をはかるための近代的金融機関ということで、このほかにも明治維新で没落した士族救済の役割もありました。初代頭取は代々仙台藩の家臣で維新後旧藩士によって組織された士族結社の副社長・氏家厚時です。久兵衛さんの会頭は数えて八代目に当たります。

このころ、同銀行は国立銀行時代の欠損金で経営に苦しみ、株式配当も無配に転落していました。そこで財界の大物で第一銀行頭取の渋沢栄一に頼んで立て直しをはかり、やっと配当のメドがつきます。頭取就任を要請する銀行側に渋沢は「地方銀行では、その地方の有力者が頭取になるのが原則です。八木さんではどうでしょうか」と推薦します。銀行から打診された久兵衛さんは、仙台を代表する財界人のひとり伊沢平左衛門さんを取締役に加えることを条件に承諾したということです。(「七十七銀行百年史」)

　頭取に就任した年、日露講和が調印され、その翌年には朝鮮が植民地として併合されます。「明治大帝崩御」で大正の御世になります。間もなく第一次世界大戦が起きてわが国もドイツに宣戦布告、大戦は四年後、わが国など連合国側の勝利に終わります。大戦景気で経済活動は活発になります。この間「ロシア革命」が起こり、大戦後の不況、米騒動と続いて大正十二年、関東大震災に襲われます。

　頭取在任中は、まるで自分の子供のように銀行を愛し、自分で出向いたり、幹部を自宅に呼んで指示をしていました。当時の中村梅三同行常務取締役は「無配当の悲境、減資の苦境のなかで就任され、それにも屈せず今日の盛運を招いた功績は、本行の史上特筆すべきことです」と語っています。

戦前の芭蕉の辻。右側が七十七銀行本店(現在の日銀仙台支店の場所)

商議所会頭を十四年　財界に君臨

わが国には戦前、貴族院という立法機関がありました。明治憲法では衆議院とともに帝国議会を構成し、上院とも呼んでいました。久兵衛さんは大正七年から五年間、ここの議員を務めました。

議員は男性に限られ、選出方法から皇族議員、華族議員、勅選議員に分けられます。このうち、勅選議員には国に勲功があった人や学識のある人たち、多額納税者がいました。今から見れば「特権階級の集団」「ひどい差別だ」という声が出そうです。

久兵衛さんは、多額納税議員でした。各府県ごとに多額の直接国税を納めている満三十歳以上の男子の中から互選されます。宮城県の場合は、納税額の高い者から十五人を選んでその人たちで決定しました。納税の基礎になるのは、田畑、宅地、山林から生まれる収益に課した税金つまり地租です。

久兵衛さんの財産は当時、どのくらいあったのでしょうか。八木山を買う前ですから、山林はありません。ただ、仙台近郊の苦竹、六郷、七郷、長町などに約四百町歩の田を所有していました。ほかに、田町に七千坪の工場、自宅の敷地、仙台駅前の旧仙台ホテル、旧日乃出会館の所や、南町通のプラザー仙台ビルの場所も八木家の土地でした。

宮城県から出た長者議員には金須松三郎、伊沢平蔵各氏などがいます。大正七年六月十日行われた選挙で久兵衛さんを当選させた応援団のひとりに、政友会の酒造業伊沢平左衛門さんがいました。対抗馬は憲政会系の荒井泰治さん。こちらは藤崎呉服店経営者の藤崎三郎助さんが担ぎました。

河北新報の大正七年十月二日付の紙面に「八木氏勅選」という記事があります。「去る六月施行の本県多額納税議員改選に当選したる八木久兵衛氏に対し九月二十九日正式に勅選発表となり、一日辞令到着したる由なるが同氏は貴族院の政友会団体たる交遊倶楽部に入属する予定なりと」。

久兵衛さんと争った荒井泰治さんは、文久元年（一八六一）生まれで、父は仙台藩士でした。東京で新聞

八木家の小作人は、出来秋に収穫した米を馬車で「紅久」に運んだ

記者をしているうちにやはり仙台出身の富田鉄之助日銀総裁に見い出されて秘書となり、後に日銀を退職した富田さんとともに台湾で紡績会社を経営して成功、仙台に錦を飾って凱旋したのです。

実は、荒井さんとの対決は二度目でした。四年前に、荒井さんは久兵衛さんを破って当選しているのです。荒井さんは帰郷後、選挙人に入るために仙台周辺の田畑を買い集めます。当時、田地は一反歩五十円程度が相場でした。彼は七十円と奮発しました。さらに、清水小路の元貴族院議員金須松三郎邸を買い求めたほか新寺小路にも邸宅を構えました。

新しい邸宅の落成式で荒井さんは寺田知事、新妻警察部長、久兵衛さんら財界人を前に「今や政友会でなければ政治家ではないような状態だ。ひとつの政党が大きな力を持つと弊害も出てくる。私は憲政会の村松亀一郎、藤沢幾之輔の諸氏とともに、政友会との間に立ち融合緩和を図りたい」と大演説をぶったのです。早速翌日、政友会系の遠藤市長が荒井さんを訪ねて、思いとどまるように説得しましたが聞き入れません。そして選挙に突入したのでした。このとき荒井さんを推したのは今回同様に藤崎さん、久兵衛さんの方は伊沢さん、味噌醤油醸造業の佐々木重兵衛さんたちが付きました。

両者が話し合って「それでは二年で交替を」と妥協が成立、最初は荒井さんを送ることになりました。しかし荒井さんは四年間務めたので、久兵衛さんの出番はありませんでした。

久兵衛さんは国会議員就任とともに長いこと関係した仙台商業会議所会頭を辞任します。明治三十八年以来十四年間務めたポストでした。辞任の記者会見で、久兵衛さんは「いよいよ諸君の期待通り辞表を提出した」と気になる発言をしています。辞任を望む声がそのころ出ていたのでしょうか。そのヒントになるような記事があります。「(八木氏は) 議員当選確定後に会頭を辞任すべしとの説あり、同氏自ら近親者に対し七十七銀行との関係以外は時期を見て去るべしとの意を漏らしたる」(大正七年八月二十七日「河北新報」) 長くトップの座にいると綱紀が緩む、ボウフラが沸くとよく言われます。久兵衛さんがどうだったかという確証はありません。会議所内部で「長すぎた会頭」に反発があったことは十分予想されます。

商業会議所は、商工業者の利益と発展をはかるための意見具申や行政への建議、各種調査、情報提供などを目的に設立されている特殊法人です。仙台の会議所は明治十二年、全国七番目に誕生、名称も仙台商法会議所、商業会議所などと変わりました。久兵衛さんは、明治二十四年初期の議員として当選、常議員に挙げられ、三十八年四月進んで副会頭となり、さらに同六月会頭に当選、改選ごとに再選を重ねてきました。「仙台商工会議所七十年史」によると、久兵衛さんが四代目の会頭に就任するころ、会議所内は公義派と前議員派が争っていました。公義派はいわゆる仙台商工会の人たちで久兵衛さんを会頭に推薦しました。前議員派は伊沢平蔵さんを担ぎ、決選投票の結果、伊沢さんが選ばれます。この争いに嫌気がさした伊沢さんは「もう面倒くさくなった」と辞意が固く、ライバル久兵衛さんも「そんなことを言わないで、ぜひやってくれませんか」と頼むのですが頑として首をたてに振りません。結局、四代目には久兵衛さんが就任したのでした。

そんな前歴もある会議所です。人の集まるところ派閥あり。人間関係は今も昔も複雑です。

人生の成功者は寂しい父だった

大正十二年は、久兵衛さんが「紅久」四代目を襲名してから五十年になる記念すべき年でした。この年、彼は従来の個人経営組織を株式会社に改めることを決意、七十七銀行の中村梅三、安斎長四郎両氏の協力を得て「紅久株式会社」の登記を完了します。資本金は二百万円。当時は三井、三菱並みの大変な資本金です。手続きを終えた十一月二十五日、菩提寺の仙台市新寺小路、正雲寺の墓前に報告、親戚、知人を多数招いて盛大な宴会を開きました。久兵衛さんはそのとき腎臓の病が再発して体調すこぶる悪く、元気もありませんでした。それを隠して客の接待をしました。宴会で久兵衛さんは「近代的な株式会社化ができて私の願いは皆実現しました。これでもう満足です」と語っていたそうです。

懸案事項を解決した安心感もあったでしょう。あるいは自分の死が近いことを悟っていたのかもしれません。これに先立って同年、彼は七十七銀行頭取のポストを除くすべての公職を急ぐようにして辞任しました。墓前へ報告した五日後の十一月三十日午前三時、七十四歳の生涯を閉じたのです。

久兵衛さんは、貴族院議員に当選したころから議会に出席する関係上、東京にいることが多くなり飯田橋に居宅を構えていました。亡くなる三カ月前の九月一日、死者十万人を出した関東大震災で飯田橋を焼け出され、品川で仙台味噌を醸造している八木家に移り住みました。以前から腎臓が悪く治療していました。病気にスイカがいいと聞かされると、日本橋から馬車いっぱいに積んで運ばせ食べていたといいます。

久兵衛さんの葬儀は十二月四日、正雲寺で執り行われました。葬儀の模様は、当時の報道で知るほかはありません。河北新報は葬儀に合計百二十行を割いています。今、葬儀の報道にこれだけの行数を使うことはめったにないでしょう。彼がいかに仙台政財界の重鎮だったかを物語っている証拠と言えましょう。

記事によると、葬儀には約千五百人が参列しました。

僧侶二十人の読経で始まり、浄土宗本山管長の香語、貴族院や各銀行、経済団体などの弔辞、焼香などで約二時間かかったとあります。久兵衛さんが理事をしていた東北中学校（現在の東北高校）からは全生徒が出席しました。久兵衛さんの法名は有天院命誉行身正翁居士です。

大正十二年十一月三十日付の河北新報で、久兵衛さんの思い出を何人かが語っています。七十七銀行の当時の取締役伊沢平左衛門さんは「一代にしてあの財産を築き上げた努力にはただただ敬服してしまう。八木家の仙台味噌は伊達伯爵家が経営していたものを廃業後に引き受け、その後は八木式の商売でとんとん拍子に売り出し、ついに今日の盛況を見るに至った」とほめた上で「八木氏は定期相場に一生一度も手を出さなかったことを自慢にしていた。八木氏の僚友ともいうべき人たちが次々に相場で失敗しているのを見ているだけに、これはひとつの良識だなあと思っていました」

また同行の中村梅三常務取締役は「翁を一言で評すると〝決断の人〟となるかと思う。好き嫌いがはっきりした気性で何事にも徹底していたからいろいろの世評があった。いったん相許した人は信頼して、すっかりまかせた。翁が口癖のように自慢していたのは『わしは金貸しをしなかったことだ』ということだった。ただ、家庭の私人として見ると、至って不幸な人で、老夫人との間の子宝のことも、その一例としてあげることができる」と語っています。

中村さんの発言にある「老夫人との間の子宝」の部分に若干注釈を加えましょう。久兵衛さん夫妻には二男二女が生まれました。このうち次女を除いては若くして他界しました。次女の、とわさんは八十二歳まで存命でしたが、小さいときに縁側から転落したのが原因で聴力と言葉が不自由な障害者となりました。旧仙台藩士の息子と結婚します。夫は明治四十年、病没しました。この婿殿が、最後の海軍大将と言われた井上成美の兄でした。一代にして財産を築きながらこれを継ぐ人がいなかったのです。

「紅久」は代々当主が久兵衛名を襲名していました。四代目は、生前、後継者として早くして亡くなった兄新七さんの長男久太郎さんを選びます。四代目のおいにあたり、大町の「紅久」で化粧品、小間物販売の責任者でした。

八木山の隣は仙台城だ

当然ながら昔は山また山の大森林

仙台の昔を描いた地図がたくさん残っています。その中で、八木山とその周辺はどうなっているのでしょうか。答えは、どの地図を見ても山また山の森林です。

四百年前の慶長五年（一六〇〇）、伊達政宗が徳川家康の許しを得て仙台城の建設を始めます。当時の「千代」は「仙台」と改められ、居城の岩出山の藩民が仙台へ移住します。近郊の農家からも多数の労働者が動員されて青葉山に造るお城や城下町の建設がスタートしました。

市街地は、城から広瀬川を渡って東に向かうところに東西幹線（大町、新伝馬町）が造られ、芭蕉の辻を交差点に南北幹線（国分町、南町）が配置されました。さらに東方向に東一番丁から九番丁まで、北は北一番丁から十番丁まで武家屋敷が区割りされました。最近、新町名が定着して、昔の名前は「東一番丁通」といった街路の名称でしかなじみがありません。丁の字が付いている所は武家の町で、東何番丁や北何番丁は中級侍や大番士クラスの侍が住んでおり、城に近い所は重鎮の居所になっていました。

町人の住む町は二十四あり、このうち大町、立町、南材、肴《さかな》町、柳町、荒町の六つの町は御譜代町と言われて町の中心部を形成していました。

仙台開府当初の戸数は約一万八百戸、人口およそ五万二千人。今の八木山地区の人口とほぼ同じですが、当時は全国の十指に入る大都市でした。

徳川三代将軍家光は正保二、三年（一六四五、六）諸大名に城下地図の作成を命じます。政宗の没後十年くらいのころです。そのとき作った「仙台城下絵図」には二の丸、大手門が完成した様子が描かれています。大手門は「城山御殿の門」と呼ばれた幅二十メートル、二階建ての広壮な門です。豊臣秀吉が朝鮮役のとき、九州の肥前（佐賀県）名護屋に築いた城門と言われます。政宗が秀吉から拝領、木材を海上に流して運んできた形跡があります。昭和六年、国宝に指定、同二十年七月の空襲で焼けてしまいました。ついでながら、仙台城の建築物は明治以来、取り壊しや火災などです

在りし日の仙台城大手門。戦災で焼失、復元を望む声が高い

べてを失い、石垣と昭和四十年に復元された隅櫓《すみやぐら》が昔をしのばせるだけです。市民からは、仙台城の偉容をぜひ再現してほしいと要望がだされています。特に大手門の復元を望む声が高まっています。

　そのころの八木山は、モミや松が生い茂る森林でした。ただ、霊屋下から鹿落坂を登って大窪谷地に至る道路（現在のバス道路）は古くからあり、霊屋下、米ケ袋に侍屋敷がぽつぽつ建ち始めます。経ケ峰には政宗の墓地瑞鳳殿がすでに出来上がっています。経ケ峰には、その後二代忠宗の感仙殿、三代綱宗の善應殿が霊屋建築で建てられ、四代以下は大年寺山に墓石が作られます。こうなると霊屋から向山にかけては、仙台藩の聖地といった感じです。寛文から延宝（一六六八―一六七三）のころになると、向山に庭園、茶庭などを造る植木職人が住むようになります。この人たちの居住しているところを御路地町《おろじまち》と呼びました。元禄四、五年（一六九一、二）には、向山の南側から経ケ峰の裏側にかけて小川や水田のしるしが目立ちます。「大満寺」「長徳寺」「愛宕社」と言った、おなじみの寺社の名も見えます。

豪華絢爛な仙台城　昔の光いまいずこ

今回は仙台城の話です。城は、天守台の名で親しまれている高台の本丸跡から、その北西下にある現在東北大学の敷地になっている二の丸跡、さらに博物館があるところの三の丸跡などに分かれます。

慶長十五年（一六一〇）仙台を訪れたスペイン、当時イスパニアの使節セバスチャン・ビスカイノは「金銀島探検報告」のなかで、城の様子をこう書いています。「（仙台）城は日本で最もすぐれ、堅固なるもののひとつにし、水深き川に囲まれ、断崖百身長を越えたる厳山に築かれ、入り口はただひとつにして大きさ江戸城と同じ。城からは町を見下ろし、海岸を望むべし」。

政宗の手で築城が始まったのは慶長五年（一六〇〇）、本丸に大広間が完成するのは十年後です。紀州の匠《たくみ》刑部左衛門国次が全力をふりしぼって建てた桃山式の典型的な造りで広さは畳二百六十枚分というから恐れいります。年末の儀式、全国から来る大名の使者、南蛮人との謁見など迎賓館の役割も果たしていました。本丸には、藩主の料理を調理する部屋、藩主の子息の元服に使う部屋、天皇を迎える部屋もありました。帝座の部屋は惜しいことに使われたことがありませんでした。政宗の騎馬の銅像があるあたりには数寄屋造りの眺望亭と呼ばれた書院が建っており、政宗はよくここから街を望んだものだそうです。

江戸の平和な時期が長く続いて、軍事的な存在としての山城はあまり意味がなくなってきます。本丸にたどり着くまでには長さ八百メートルの急な坂を登らなければなりません。住まいとしても藩政をつかさどる館としても何かと不便なのです。そこで二代藩主忠宗は、寛永十五年（一六三八）幕府の許可を得て、その下に二の丸造営を始めました。本丸にあった大広間など一部を除いて大半は二の丸に移されます。このとき城の入り口に大手門が造られたのです。

仙台城には天守閣がありませんでした。護国神社わきの本丸会館後ろの高台は城の図面では「天守台」とあります。政宗は五重の天守閣をここに建てる計画だ

城の高台には本丸として、京都の清水寺の舞台を思わせる建物があった

ったそうですが、建設は中止されてしまいます。「お城が高い所にあるので、必要はなかった」という説もあります。郷土史家逸見英夫、水殿畔両氏は「徳川家に対する配慮から建設をやめたのだ」との説を取っています。天守台を造りながら天守閣を建てなかった例は、盛岡城、唐津城、佐賀城など外様大名に多いそうです。

城の各所で使われている石垣は今でも本丸、三の丸、清水門、大手門跡などで見ることができます。「築城四百年」にちなみ今、城内では石垣の大規模な補修工事が行われています。石垣に使った石はざっと一万個。仙台市北西部の三滝、国見峠など産出の安山岩です。牛にひかれた地車と修羅で運搬されました。総重量はトラックで四千台分と言いますから、膨大な量に驚かされます。私たちが在りし日の仙台城を忍ぶことができるのは、この石垣と隅櫓だけです。「昔の光いまいずこ」という「荒城の月」の一節が浮かんできます。

（この項は「目で見る仙台の歴史」＝昭和五十年宝文堂＝、「仙台城歴史散歩」＝同六十三年宮城文化協会＝などを参考にしました）

立ち入り厳禁　巨木ニョキニョキ

標高百三十二メートルの典型的な山城である仙台城は前に流れる広瀬川を外堀に「壁巌削るが如し」と言われた堅固な城です。しかも、南は深さ七十メートルの竜ノ口渓谷を挟んで八木山と隣り合わせになっています。

「西方から城を攻撃する場合は八木山を通らなければなりません。仙台藩にとっては山は防衛上重要な地区でした。だから、山へ住民の立ち入りを禁止したのです」。仙台市向山小学校勤務時、学区内の歴史を調査して「向山付近の地誌概要」にまとめた新関昌利さん（六十四歳）は語ります。

「仙台鹿の子」という本によると、御留林またはお止め山と呼び、勝手に入ったり、木の枝を拾うことまで厳禁していた場所がありました。「御制札十カ所」の中に（立ち入り禁止の山は）鹿落坂の上にある越路山、茂ケ崎根岸山、芦ノ口、金剛山、山田山、前沢の六つの山であると書いてあります。このうち越路山は現在の八木山のことです。

当時、山の入り口には掲示板が立ち、次のように記してあったといいます。

一、御留林内で竹木伐り候事は勿論、枝等まで折取り候事停止たり。家来の者共相背候はば其主人の落度たるべし。若違背の者あれば申出ずべし。御褒美として金拾両までは可被下之（中略）。違背乃者存ながら不申出、後日あらはるるに於ては可為曲事者也

貞享二年六月

富田壱岐、佐々伊賀、遠藤内匠、柴田中務

貞享二年は一六八五年です。政宗も、二代目藩主忠宗も死去し、仙台城では二の丸建設が進んでいた時期です。仙台の街づくりが軌道に乗って、大いに発展を続けていたと思われます。そのころ八木山とその周辺地区は藩の所有地で立ち入り禁止となり、樹木は厳重に守られていたのでした。したがって、樹齢何百年というモミや松の大木が天を突くように茂っていたことでしょう。今その姿を見ようとすれば城の北側に広がる東北大学理学部付属植物園に行き、モミの原生林を

観察することができます。青葉山は昭和五十一年、山全体が国の天然記念物に指定されました。

藩にとって神聖な場所だった八木山は明治維新によって大きく変わります。明治九年、仙台藩は、領地を没収されて、仙台城には官軍が入り、藩主は東京の寺に謹慎を命令されます。同十二月、新たに二十八万石の藩として取り立てられますが、与えられた領地は、現在の仙台、塩竈など仙台周辺部と、宮城、黒川、加美、玉造の各郡と志田郡の一部に過ぎませんでした。間もなく、版籍奉還、廃藩置県によって、街には身分を失い、生活に困る侍たちが氾濫しました。

青葉山の原生林（現在の東北大理学部付属植物園）

仙台藩は家臣救済のため、山を藩の所有地から旧藩士八百四十人の共有財産に払い下げます。これを知った政府は国有地として取り上げてしまいます。所有者の総代は「山を返せ」と何度も政府と掛け合い、明治三十八年やっと元の人たちに返却されます。維新によって巷《ちまた》に放り出された旧武家の中には生活に困っていた人たちがたくさんいました。この人たちが先を争って樹木の伐採をするのです。山が日々荒廃の一途をたどっているのが久兵衛さんには分かりました。

山の総合開発が始まった

悲願 結核を少しでも減らしたい

戦前の日本で、「アカ」と「肺病やみ」はもっとも敬遠される存在でした。「アカ」は共産主義者のことです。資本主義体制を崩そうとする考えを持ち、行動する人たちを、治安当局は徹底的に取り締まりました。もう一つの「肺病やみ」は、結核患者のことです。患者がせき、くしゃみをしたとき飛び散るしぶきに入っている結核菌を肺に吸い込むと感染します。昭和十九年、ワックスマンが特効薬ストレプトマイシンを発見するまでは、この病気は伝染する、予防法のない、治療法のない「不治の病」でした。

患者をサナトリウムに入院させて、きれいな空気を吸って、安静、栄養を軸とする自然療法が昭和初期まで取られました。逆に言えば、感染源を隔離する手段でもありました。太平洋戦争中の昭和十七年からは、国民学校（今の小学校）卒業時の児童にBCG接種で免疫を与え、発病を防ぐ方法が開発されます。

結核予防会の島尾忠男副会長が書いた「結核の推移」を読むと、欧米では十八世紀の産業革命による社会の近代化とともに患者が急速に増えた、と言います。わが国でも明治の「文明開化」以後、まず、東京、大阪などの大都市で患者が多発、またたく間に全国にまん延します。毎年十二万人くらいの人が結核で死亡しました。全死亡者の一割前後です。大正七、八年、スペイン風邪が流行した二年間の結核死亡者が過去最高で、このうち大正七年には十四万七百四十七人（人口十万人対二百五十七人）、翌八年には十三万二千五百六十五人が亡くなっています。

八木家四代目久兵衛さんが「清澄な空気を吸い、運動や散歩で汗を流したら、結核患者が少しでも減るのではなかろうか」と考えたのは、いつのことでしょうか。彼は、当時「越路山」と呼ばれていた、今の八木山が好きで、時折登ってみては健康保全の場は絶対ここだと確信していました。仙台が杜の都と言われ、快適な健康地と思われながら、結核死亡率が高いと聞き、これを克服する方法として、具体的には山に運動場、

◆大正9年の年齢別結核死亡率（人口10万人対）

	総　数	0－4歳	5－9歳	10－14歳	15－19歳	20－24歳	25－29歳
全　国	223.7	107.8	71.0	139.0	440.1	478.7	372.6
宮城県	157.0	97.2	56.3	79.5	238.9	323.5	256.6
	30－34歳	35－39歳	40－44歳	45－49歳	50－54歳	55－59歳	60－64歳
全　国	281.2	224.0	199.3	180.2	192.0	185.0	167.2
宮城県	222.2	156.4	167.0	163.7	168.5	178.5	127.4
	70－74歳	80歳～					
全　国	101.0	54.0					
宮城県	62.6	……					

◆スペインかぜ大流行前後の死因別死亡数

	大正5年 1916	大正6年 1917	大正7年 1918	大正8年 1919	大正9年 1920	大正10年 1921
総　死　亡	1,187,832	1,199,669	1,493,162	1,281,965	1,422,096	1,288,570
結　　核	121,810	124,787	140,747	132,565	125,165	120,719
肺炎・気管支炎	158,594	156,298	270,620	203,113	228,330	165,758

2つの資料とも「結核統計総覧」から

遊園地、公園を作って開放し、市民の体力増進を図ろう、と思っていました。

その山が、今、荒れすさんでいます。仙台藩の藩有林から、明治維新で藩士八百四十人の共有財産になった山林は、いったん国有地になります。陳情の結果また元の所有者に返されます。その後、東京の林謙次郎という人が、総代と交渉して樹木の伐採を決行しようとし、反対する所有者と裁判で争っているうちに、大正時代になってしまいます。

「このままでは山の荒廃はますますひどくなる。いっそ、訴訟ごと引き受けましょう。山は、私が全部買い取ります」と、言い出したのです。

以上が、四代目久兵衛さんが山を取得するきっかけだと言われている定説で、仙台市史にもそうあります。「仙台が全国の都市で三番目に結核による死亡者が高かったのを気にしていた」と、八木家五代目久兵衛さんの四男、八木栄治さんは補足します。

調べてみると、宮城県の結核死亡率がほかの府県に比べて特に高いというデータは見つかりません。大正九年、当時の内務省が作った道府県別結核死亡率では、宮城県は全国四十四番目で、むしろ低い方です。人口十万人当たりの結核死亡者に直すと百五十七人。全国的に見ると東京、京都、大阪などは人口十万人当たり三百人を超えており、人口比率で宮城県の二倍近い死亡者を出しています。

大正十四年になると、道府県別結核死亡率は、各県ともむしろ低くなっています。人口十万人当たりで宮城県は百四〇・六人で全国四十一番目です。全国的には、各県ともぐっと人数は減っていますが、東京、石川では十万人当たりの死亡者が二百六十人を超えています。この調査では、全国主要都市別の欄が空欄なので、仙台市の実情は分かりません。しかし、宮城県並みの数字ではないかと思われます。

結核患者はどこにもいました。八木家では、どうだったのか。四代久兵衛さんの子供たち四人について調べてみました。このうち、八十二歳まで長らえたのは次女のとわさんひとりだけでした。長男栄治郎さんは明治十一年、生まれて間もなく死亡。次男豊七さんは同三十年、十八歳で、長女こうさんは結婚を控えた同二十八年、十三歳でそれぞれ死亡しています。ただひとり残ったとわさんのご主人欽哉さんも二十九歳で、同四十年に亡くなっています。ただ、何が原因で早死にしたのかは特定できません。

ここからは推測です。四代目久兵衛さんは、明治とともにやってきた「国民病」とも言うべき結核に関心を持ち、恐れていたと思われます。患者、死亡者は年々増加の一途をたどっています。山を健康保全の候補地として選んだのは、おそらく明治末期から大正初期にかけてではなかったでしょうか。ちょうど結核による死亡者が人口十万人当たり二百二、三十人になったころです。久兵衛さんは、宮城県や仙台市の患者や死亡者が、ほかと比べて多い、少ないからどうする、ということではなく、国民的課題として結核に取り組もうとしていたのではないでしょうか。たまたま、大正七、八年のスペイン風邪大流行で、わが国では、年間十三、四万人の結核死亡者が出ました。「何とか救えないものか」「予防はないものか」と常日ごろ思っていた四代目は、この爆発的な死亡者の増加を見て、山の取得を決断したのではないかと思われます。

粘り強い交渉で山をまるごと買収

山の買収交渉は、五代目久兵衛さんの社長就任後に始まりました。四代目は大願成就を待たずに大正十二年十一月、死去。先代の遺志を継いで翌十三年七月から折衝を開始しました。もちろん、代理人が中に入ったのでしょうが、こじれにこじれた問題です。難しい話し合いが長期間続いたことでしょう。

紅久株式会社の大正十五年三月の株主総会議事録が残っています。ほかの会社の議事録と同様に、ここには買収にまつわる苦労話や自慢話は出てきません。淡々とした調子で次のような記述があるだけです。「越路山（現在の八木山）は、仙台市に接続し、これが開発の当否は市の将来の発展にも少なからず影響す。しかしこの山林は、二十年来の有名なる紛争地にして、開発が遅れれば市の将来にとってすこぶる遺憾なることになる。買収着手後、期末までに所有者二十人を残して買収を完了したり」。

これを裏付けるような資料があります。「越路山外二ケ銘山林共有移動図」です。この図面は今見ても分からないことが多いのですが、明治四十年、名取郡茂ケ崎村長町越路外山林二八一町七反一歩が旧仙台藩士加藤共沢ほか八百三十九人の共有地だったこと、その後、林謙次郎ら三人に移動しており、大正十三年八月二十九日、五百七十九という数字が出てきます。恐らくこの人たちが山林を久兵衛さんに売ることに同意したということでしょうか。最後に「土地売却請求の訴えも全部原告共有権者の勝訴」とありますが、この意味もよく分かりません。

ここで判明したことは、八木家で買収した山は越路山のほかに二つあったことです。それがどの山なのか、今では不明です。取得した正確な面積も分かりません。八木家では面積は百万坪とも百五十万坪とも言います。しかし、この図面にある面積が全部であるとすれば八十四万六千坪になります。買収価格は、同家の資料では十七万円であったと記されています。この数字の根拠も分かりません。

八木家で買収した土地を現在の地図に下ろすと次の

藩制時代、八木山一帯もこのような景観であったと思われる（東北大付属植物園）

ような範囲ではなかったかと想像されます。

「仙台城わきの竜ノ口渓谷を境界にその南側一帯で、現在の向山のバス通りが北の境、八木山入り口付近から南に一直線に下がり、南は西多賀付近、西が動物公園の裏側」

ここは仙台市分ではありませんでした。紅久の総会議事録に「山は仙台市に接続し」とあるのでもお分かりでしょう。江戸時代から明治にかけては、名取郡根岸村と呼ばれていました。この村は広い面積を持ち、竜ノ口渓谷から茂ケ崎まで広瀬川右岸を含む一帯で、霊屋下、向山、鹿落坂、大窪谷地、長町の半分も根岸村でした。大正になると、根岸村は仙台分と長町村分に分けられます。仙台分は宮沢、越路《こえじ》、越路路地町、越路六軒丁、霊屋下であり、長町村分は大窪谷地、茂ケ崎、二ツ沢、畑埘、越路《こしじ》長岫、長嶺、清水沢下、黒沢などです。

ご覧になってお分かりかと思います。まぎらわしい名称が両方にあって後年混乱するのです。例えば仙台市越路と名取郡長町字越路といった具合です。昭和四十一年、新町名が実施されるまで外来者が戸惑ったり、郵便物の誤配があったりしました。

「喜び、喜ばれる」が開発の理念

八木家による越路山（現在の八木山）の総合開発は、大正十五年から始まりました。政宗のころから三百年以上も手付かずのまま保護されてきた山は、初めて計画的に整備が進められることになったのです。

五代目久兵衛さんは、この年の夏、改めて山に登ってみました。山一番の高台は現在の仙台市動物公園アフリカ園の近くで海抜百五十メートルはあり、地蔵平《じぞうだいら》と呼ばれていました。東は牡鹿半島に至る太平洋が望まれ、西に蔵王連峰、北に七ツ森、泉ケ岳。海岸線と並行して南北に穀倉地帯の広大な仙台平野が見えます。山は緑一色です。

百万坪とも百五十万坪ともいわれる土地の利用は久兵衛さんが自由にデザインすることができます。「四代目が私に夢を託した、健康増進のための施設として、どんなものを造ったらいいだろうか」久兵衛さんの頭の中は、そのことでいっぱいです。

作業を進めるために、土木が専門で発電所技師をしていた金子隼人さんを招き総監督に就任させました。「この山を、人にも喜ばれ、自分も喜び、共存共栄のためどんなものをつくったらいいだろうか。考えを聞かせてほしい」と五代目はたずねます。金子さんは「世間があっと驚くようなものを造ったらどうでしょうか。今、一番人気があるのは野球です。学都仙台などと言ってますが、本格的な野球場がひとつもありません。この際、立派な野球場を造るのがいい。どうせなら、神宮球場と同じ大きさにしたらどうでしょうか。野球団を呼んでくるだけではなく、一般に開放したら体育奨励にもなる。先代がおっしゃっていたという健康保全の場としても活用できると思いますが」。

久兵衛さんは賛成しました。「野球場となると広い面積が必要になるね。広くて平坦なところ、欲を言えば見晴らしのいい場所だ。町場からは少し遠いが、地蔵平がいい。ここに野球場のほかに、陸上競技、テニスなど運動のできる施設、遊園地、公園も造ろう。皆がここで汗を流して運動したり散策する姿を想像するだけでわくわくしてくるね」。

しかし、久兵衛さんが最初にやったことは神社の創建でした。人一倍信心の深い五代目にふさわしい行動と言うべきでしょう。神社は越路神社という名称です。祭神は山の神、火の神、水の神で、八木山の守護神としました。由緒ある延喜式内多賀神社からの分神です。場所は現在の動物公園の南の小高い丘です。

紅久株式会社社史には「越路山守護神鎮座」として次のような記述が見られます。

「越路山の経営は面積広大なるをもって、これが経営の適否は市の発展及び付近の盛衰に関係するところ少なくない。よって神助の下に経営するのが適切と認め、越路山関係者及び当該地内の炭鉱関係者全部を招待し、大正十四年九月二十八日荘厳裡に鎮座式を挙行せり」

多賀神社は西多賀三丁目にあります。平安時代の建立と言われ、律令の施行細則で全国三千百三十二社につくられた神社のひとつです。宮城県神社庁の話によると、陸奥の国で延喜式に顔を出しているのは百神社に過ぎず、仙台ではただひとつ多賀神社があるだけです。五月一日の祭礼の日、古くは国司の代理がお参りしたものだそうです。鎌倉時代まで、今桜の名所になっている三神峰公園は御神峰と呼ばれて神社の所有地になっていました。

多賀神社を訪ねてみました。西多賀小学校のすぐ近く、鳥居の前に池があり、階段を登ると本殿、次いで拝殿が続きます。樹齢五百年を超える古木が茂っています。〝鎮守の森〟そのものです。境内に久兵衛さんと神社との関係を記した碑が立っていました。「昭和四年、神社の本殿、胴かわらぶきの拝殿、神楽殿を新築して寄進したほかに、参道を新設し社務所を改築した」と書いてあります。何のことはない。神社をワンセット、まったく新しくして寄進したことになります。

神仏の信仰厚いのは、五代目だけではありません。四代目久兵衛さんは、塩竈神社、西公園の桜岡大神宮など数多くの神社仏閣に諸々の寄進をしています。このうち、桜岡大神宮は、明治のころ荒巻神明社と言っていました。大正八年、元柳町（現在の西公園）に移し、社号を桜岡大神宮と改めました。氏子総代の四代目久兵衛さんが呼び掛けて、現在の社殿を造営します。境内の整理、社殿と付属建造物の一切の経費は、四代目久兵衛さんが寄進した、と「仙台市史」にあります。

銅像は温和な顔で太平洋を眺めてる

八木山に初めて建設のくわを入れた五代目久兵衛さんについて昭和九年、帝国秘密探偵社発行「人事興信録」は次のように紹介しています。

「紅久（株）社長、七十七銀行監査役、紅久本店（小間物商）、味噌醤油醸造業、宮城県士族先代久兵衛の長男。慶応三年七月生まれ。前名久太郎を改め襲名す。昭和三年紺綬褒章を賜ふ。家庭は義母と妻、子供は男四人、女一人」

五代目の胸像が、動物公園の入り口に立っています。温和な顔で遠く太平洋を眺めている姿です。胸像にはありませんが、実際は度の強い眼鏡をかけていました。五代目の四男栄治さんは「おやじは温厚な人でした。四代目に劣らず山が好きで、道端に咲いている野の花を見つけると、しゃがんで小一時間も観察しているような人でした。いつも着物姿でわらじばき。山の工事が始まると、喜々として通っていました」。

彼は歌人でもありました。越路神社のわきに、昭和十六年、遺族が建立した石碑が建っています。

寂しさもつかれもいつかわすれけり
夏の山路のうぐいすの声

孫に当たる前紅久株式会社代表取締役社長八木昭一郎（六十七歳）同社取締役八木喜久雄（故人）同社専務取締役八木邦夫（六十四歳）の各氏は、それぞれ五代目の思い出をこう語ります。

「本家の祖父を訪ねると、いつも頭をなでて『いい子だな』と言ってこずかいをくれた。おだやかな人でした」。「期末に通信簿を持って行って見せると目を細めて『よかったな』と喜んでくれました」。

大正末期、「紅久」に勤めたことがある同市青葉区米ケ袋、柳川晋三さん（故人）は「新年には会社の全員が集まって社長の訓示を聞くのが常でした。説得力のある、話のうまい人だったなあ。威張り散らすこともなく、穏やかで社員の信望も厚かった」。

四代目の久兵衛さんについては、没後七十数年も経っているので、鬼籍に入った人が多く証言がなかなか取れませんでした。五代目になると現存の方も多く、思い出を聞くことができます。総括すると四代目の好き嫌いがはっきりしていて、すぐ癇癪《かんしゃく》を起こす「ライオン親父」的な性格とは対照的に、目立たず、シャイなのが五代目だったようです。しかも先代が構想を立てて実現しないまま他界した後を引き受けて、遺言通り着実に実現する行動力が浮き彫りになってきます。

今、久兵衛さんは、高台の地蔵平に念願の諸施設を造ろうとしています。地蔵平は、動物公園アフリカ園周辺のことです。平坦な場所であるために一千二百坪ほどの、畑があり、亜炭業者は自家用の野菜や穀物を作っていました。これを拡充して、まず野球場を造ろうというのです。

最も、計画は前にもありました。東北帝国大学（現在の東北大）がここに運動場を造ろうとしたのですが、巨費を要することが分かり、あきらめました。国がやれなかったことを八木家は私財を投じてやろうとしています。

5代目久兵衛さんの銅像は、動物公園正門前に立っている

山の中に七メートル道路の先見

八木山総合開発の手始めは、幹線道路造りです。江戸のころから、山には人が入ったことがなく、わずかにけものみちがあるだけです。地蔵平に造ろうとしている諸施設へ行くルートとして久兵衛さんはふた通りの方法を考えました。第一は、八木山入り口の長徳寺前から登り始め、今のバス道路に沿って動物公園まで峰伝いに行き、少し南下してから東へ降りて坂をゆるやかに下り終点は西多賀の多賀神社近くの秋保電気鉄道富沢駅付近まで。正確ではありませんが、総延長六キロないし七キロというところでしょうか。第二は、仙台城址から竜ノ口渓谷につり橋を架けて八木山に行く方法です。

第一のルートの工事は大正十五年、八木山入り口から始まったと言われます。工事に先立ち、長徳寺前に工事事務所を建てました。この近くに、峰伝いに自然にできた旧道があったのですが、百メートルくらいは傾斜が急で車が走行するのに適さないことが分かり、迂回路を取って、今の八木山入り口を起点とすることに変更しました。

驚くことに、当時造った新道の幅は四間、七・二七メートルあります。今、バスがすれ違える道路とほとんど変わりません。「こんなに広い道路を造ってどうするのですか。広くすれば、経費も余計にかかります」と聞かれた久兵衛さんは「今はそう思うけど、将来はこれでも狭くなるに違いない。きっとそうなる」と答えたそうです。後藤新平ばりの、先見性です。

余談ながら後藤新平は、かつての仙台藩、岩手県水沢市（現奥州市）出身の政治家です。東京市長や台湾総督、それに鉄道院総裁、今でいうJR社長などを歴任した人です。いつも、あまりにも大きなことを言うので、世間は「大風呂敷」とあだ名を付けました。彼は大正時代、すでに全国を縦断する高速鉄道、いわば新幹線計画を立てていました。昭和三十九年十月、わが国初の高速鉄道、東海道新幹線が開業すると、当時の十河国鉄総裁は新平の墓前を訪れ「先生の夢がやっと実現しました」と線香をたむけて報告したのは有名

八木山の幹線道路は、こんなふうにして造られた

な話です。東京の昭和通りは新平が作ったものです。

八木山への峰伝いの道路が完成するのは昭和二年です。着工から二年以上かかりました。動物公園までは、峰に沿ってけものみちを拡張する方法を取りました。ただ一カ所、山を削ったところがあります。向山高校前から少し登ると道路が左折していますね。高層マンションが建っている前の道路です。ここは、山を削って、その中を道路に造り直しました。

土木技術が幼稚だったころですから、シャベルもダンプもありません。頼りになるのは人間の力とツルハシ、もっこでした。若い人たちに「もっこって知っている?」と聞いてみました。だれも首をかしげるばかりです。広辞苑には「ワラなわを網状に編んだものの四隅につりひもを付け、土などを盛って運ぶ道具」とあります。想像してみて下さい。

八木山入り口から動物公園までの道路の両側に松が植えられました。五代目久兵衛さんの四男八木栄治さんの記憶によると、松は、アカマツです。一間置きとか二間置きとか、整然としたものではなく、たどたどしく、あるいは雑然とした感じです。東北放送から動物公園前にかけての一・五キロにざっと百八十本の松を今でも見ることができます。このほか、昭和十二年、仙台芸妓置屋組合がスポンサーになって、吉野桜の木を植栽します。桜の木は向山高校前の道路に当時をしのぶようにわずかに残っています。

松並木については、この物語を連載中に保存運動が起き、しかも平成六年には仙台市の「都市景観大賞」に選ばれました。「八木山の松を語る会」が中心になって、景観大賞受賞記念に、東北放送前の松を「久兵衛松」と名付けて顕彰、最近、アメリカヒロヒトリの被害が目立つので薬剤散布をするなどの活動をしています。東北大の元学長で生物学者の加藤陸奥雄さん（故人）は、この松並木について「松は苗木を植えたのではなく、そのへんに自生しているものを移植したのです。道路の両側に、こんもりと盛り上がった部分があってそこに松が並んでいた。昆虫採集に行ったとき、松並木のところを歩くのがおもしろくて、道路はあまり歩かなかったなあ」と話しています。

道路造りには、毎日のように八十人から百人が出ました。ちょうど大正から昭和にかけての不況のなかで、失業者救済事業の意味もありました。「賃金は一日八十銭を支払いました。仙台では、かなり高額だったと記憶しています。仕事を早めてもらおうと、その日のノルマを完了した人は時間に関係なく帰っていいという制度なども作りました。ノルマとは、六尺×六尺×六尺、約八立方メートル分の土砂を掘ることでした」と八木栄治さんは語っています。

日給八十銭の賃金が当時の物価からみてどうなのか調べてみました。大正十五年、白米は標準価格で十キロ三円二十銭でした。そばやカレーライスは十銭前後、焼酎は八十銭ぐらいです。公務員の初任給は七十五円、銀行員の初任給は五十円から七十円、日雇い労働者の賃金は二円十三銭でした。（朝日新聞社発行「値段の明治、大正、昭和史」から）これを見ると八十銭の日当は決して高い賃金とは言えません。しかし八木さんの話では相場を上回るお金を払っていたという誇りが言外ににじみ出ているのです。この格差はどこからでるのでしょうか。この資料は東京での調査です。仙台と物価の差があるのかも知れません。しかも不況時代です。希望者が殺到したと言います。失業対策としての意味も大きかったわけです。

動物公園から電車通勤していたかも

仙台市太白区西多賀の多賀神社付近で、久兵衛さんが造ったとみられる旧道の跡を発見しました。当時、高山さんという西多賀の有力者が土地を無償で提供し、現在の動物公園に向かう道路の起点にしたというのです。現地は雑木が茂って昔の面影はもうありません。よく見ると松と桜の木の切り株が左右に順序よく並んでいます。道路を作った後で、両脇に松、桜を植えた跡だとみられます。

西多賀から山へ行く道路にまつわる面白い話を八木栄治さんから聞きました。「当時、長町から秋保《あきう》温泉まで私鉄の秋保電気鉄道が走っていましてね。富沢駅から、現在の動物公園付近まで新しく路線を引こうと話し合いがあったんですよ」。

なるほど、これはいいアイデアです。山に造る野球場や遊園地、それにハイキングに行く人たちのための「大量輸送機関」としての電車です。恐らく、この発想は四代目久兵衛さん（大正十二年没）から出されたものではなかったでしょうか。この人は、文明開化のシンボル鉄道に興味と関心を持ち、仙台市営電車の設立に貢献し、仙台と山形を結ぶ仙山線期成同盟会ができると早速参加、仙台支部長として活躍しました。

秋保電鉄は、仙台市長町（現在の宮城交通長町ターミナル）を起点に、同市秋保湯元までの十六キロの路線です。大正三年、秋保石材軌道という社名で開業しました。当時は馬が貨車や客車を引く馬車鉄道でしたが、同十四年電化して、秋保電気鉄道と名称を変えました。

古ぼけた小さな車体をガタゴトいわせ、田園風景の広がる仙台市南西部をのんびりと走っていました。昭和三十六年、モータリゼーションの波に追われて廃止されるまで地域の人に愛されていました。「秋保へ遠足に行くときに乗った」。「富沢に東北大学の教養部があり通学に使った」など、なつかしい思い出を話してくれる人がいます。

富沢駅から山へ登る枝線をもう一本造ろうというの

戦後、学生たちでにぎわった秋保電鉄西多賀駅付近（昭和35年ころ）

です。残念ながら計画は実現しませんでした。電鉄の歴史に詳しい仙台市青葉区二日町、東北緑化取締役会長小林和夫さん（七十一歳）がこう説明します。小林さんのお父さんは秋保電鉄社長をしていました。

「確かにそういう話が八木家からあったと聞いています。大変いい話だったのでしょうが、山の勾配がきつくて技術的にとてもやれなかったようです」

これからは推測です。もし、技術的に可能だったとしても、秋保電鉄は恐らくゴーサインは出さなかったでしょう。当時、電鉄は現在の太白団地入り口付近の旗立に遊園地を経営していました。太白山を背景に、池のほとりに運動場やブランコ、動物園、宿泊施設などがある県内の代表的な行楽地でした。遊園地は昭和七年、秋保温泉に移転、新たに「温泉クラブ」として開業します。八木家が昭和初期に計画した野球場や遊園地は電鉄にとって、いわば「商売がたき」です。かりに勾配の問題がクリアできたとしても、提案は敬遠したでしょうね。

歴史に「もし」はありません。しかし、もし電車が山へ登っていたら、昭和初期、山に早くもニュータウンが生まれていたかも知れません。

「橋がいる」白ひげ市長の壮大な夢

仙台城の南側は、丘陵を深く刻みこんだ竜ノ口渓谷です。お城から八木山方面へは今、立派な道路と渓谷をまたぐ橋があり、通勤のラッシュ時や、休日の行楽に向かう車で混雑します。初めて橋が完成したのは昭和六年、久兵衛さんが私財を投じて造り、完成後は仙台市に寄付しました。ルートは現在とほぼ同じで、天守台方面から八木山に向かって新道を造り、渓谷につり橋を架け、山の一部はトンネルでぶち抜きました。

橋の重要性については、それ以前から叫ばれていました。その声を集約して計画を立てた人に、明治後期から大正半ばまで仙台市長をした早川智寛さんがいます。身長百八十センチ、九十キロの巨漢で、あごに見事な白いひげを蓄え「白ひげの市長さん」と親しまれていました。福岡県小倉藩士で、若いころ土木寮（現在の建設省）から宮城県土木課長に転勤、「県庁の三能吏」に数えられ、北上川の改修、野蒜築港計画の立案、関山トンネルの建設などに尽力しました。宮城県から愛媛県書記に異動が発令されると「ここを離れたくない」と役所をやめて宮城県内で土建業や早川牧場の経営に専念していました。

明治三十六年、仙台市議会は六十歳の「九州男児」を市長に推します。市長に就任した早川さんは持ち前のエネルギーで東北帝国大学の仙台誘致に全力を挙げ、産業では地場産業の育成に努力します。東北帝大は、運動のかいがあって明治四十年、東京、京都に次ぐわが国三番目の帝国大学として創立、仙台に理科大学、札幌に農科大学を開設します。

市政についても大胆な展開を考えました。八木山、向山地区の開発をどうするか。彼はこう語っています。「仙台は今後も膨脹を続けるに違いない。多くの市民の宅地造成を真剣に検討しなければならない。そうなったとき、今は手付かずの越路山（現在の八木山）一帯とまだ開発されていない向山地区に大住宅団地、そして遊園地を設けたらどうであろうか」「もうひとつ、水田地帯の六郷、七郷地区のかんばつ対策として竜ノ口渓谷の一部を埋め立ててダムを造り、水路を敷いた

昭和６年、５代目久兵衛さんが架橋した鋼製の八木山つり橋

らいかがなものか」。

いずれも雄大な構想で、未来を見据えた貴重な提言です。が、肝心の市議会は架橋についても、ダム建設についてもゴーサインを出さず、沙汰やみになっていました。その後も折にふれて同様のアイデアが持ち上がるのですがいっこうに進展しません。

大正末期から昭和にかけては、わが国全体が大衆文化の時代を迎えます。市民の生活が洋式化し、コマーシャリズムが宣伝の方法を様々に発達させたからです。仙台でも、昭和二年、東北では初めてのラジオ放送が開始され、活動写真（映画）が大衆娯楽の王座を占めるようになります。大正十五年、市営電車が走り出し、市民散策の場所として桜ケ岡（西公園）、榴ケ岡、勝山などの公園の整備も進みました。こうなると、八木山も市民のいこいの場として脚光を浴びてきます。天守台まで汗をかきながら登っても、あと行くところがありません。「竜ノ口渓谷に橋があればいい」という声が大きくなったのです。久兵衛さんは、道路を造り、橋を架けようと考えました。計画ルート上に陸軍第二師団の広大な敷地が横たわっています。川内にある軍の意向を抜きにしては考えられません。

軍都仙台の中枢を貫いて道ができた

今、仙台城址と八木山を結んでいる橋は、昭和四十年にできたものです。その前にあったのは、鋼鉄製のつり橋でした。明治のころから構想がありながら、実現しなかったのは、青葉山地区が軍事地帯だったからです。

仙台は、明治のころから軍都、学都と呼ばれていました。明治四年、仙台城二の丸跡に東北鎮台（後の仙台鎮台）が置かれたのが始まりです。明治新政府は中央集権の強化策を、軍隊と租税に求めました。治安を維持するために東北（仙台）のほかに、東京、大阪、熊本にそれぞれ鎮台を設けました。その後、近代装備を持つ軍隊を作り、鎮台を廃止して師団制がとられました。

仙台にあった陸軍の軍隊は第二師団です。師団制がとられた明治二十一年当時、第二師団の下に歩兵第三旅団司令部（榴岡）、歩兵第四連隊（同）、歩兵第一六連隊（新潟県新発田）、歩兵第四旅団司令部（青森）、歩兵第五連隊（同）、歩兵第一七連隊（秋田）がありました。このほか仙台市川内には騎兵隊、野砲隊、工兵隊、弾薬や食糧を運ぶ輜重兵隊《しちょうへいたい》がいました。騎兵隊は大正の末期、現在の宮城野に移ります。

同師団は、日清、日露、満州事変、日中戦争、太平洋戦争に出兵、太平洋戦争ではジャワ作戦に参加したほかに、ガダルカナルで米軍と死闘を繰り広げました。当時、第二師団は満州にいた関東軍とともに国内最強の師団と言われていました。

川内を経て仙台城から竜ノ口をまたいで八木山に行くためには第二師団の敷地を通らなければなりません。西公園わきから大橋を渡り、大手門をくぐって天守台に行くルートです。

そこで、昭和三年から八木家と第二師団との間で架橋についての話し合いが始まりました。この間の事情を知る人は残念ながらもういません。ここからは推測です。久兵衛さん側は、渓谷に道路と橋を架けることは、国家的、軍事的にみても重要な問題であり、また

第二師団司令部、明治15年に二の丸の司令部が焼失し、同17年に新築された

市民の要望も強い、と主張したはずです。あるいは、諸経費はすべて当方で負担するから、工事をやらせてほしいと言ったかもしれません。やっと三年後、道路と橋は「軍用道路」とし、維持管理は仙台市の責任で行うことを条件に許可が下りました。

引き続き、橋をどこに架けるか、どんな構造がいいのかなどの研究が行われました。たびたび登場する「向山付近の地誌概要」によると、候補地は五カ所ありました。橋の構造も地形や地質、気象それに経済性なども加味して、しかも簡単につくれるものをと考えた結果、つり橋に落ち着いたとのことです。

工事は第二師団や県、市と連絡を取りながら進められました。道路法などで、勝手に道路や橋を架けることはできません。五代目久兵衛さんの四男、八木栄治さんは「詳しいいきさつは分かりませんが、つり橋の鉄製の橋脚は、いろいろの部品を前もって作り、現場で組み立てたと聞いています」と話しています。百メートルを超す長い橋を、谷をまたいで架けるのです。しかも当時の未熟な技術では難工事中の難工事だったに違いありません。

ゆらりゆらり　つり橋は高さ二百尺

つり橋の工事は昭和六年に行われました。鉄骨などの材料を前もって加工して運び込み、現場で組み立てる方法が取られました。技術が未熟なころです。結構難しい作業だったはずです。

工事中、ひとりが事故で亡くなっています。河北新報の昭和六年八月二日付には「数十丈の谷底に転落、工夫惨死」の見出しで記事が出ています。事故は一日午前十時ころ起きました。労務者の寺内定次さん（二十四歳）境島五郎さん（三十四歳）川村愛止さん（三十六歳）の三人が乗った作業用のケーブルカーが突然傾斜して、寺内さんは放り出されて七十メートルの谷底に転落して死亡、ほかの二人は橋げたなどにつかまって一命を取り止めた、とあります。

完成後、橋の両側に掲示板が立てられました。「コノ橋ハ長サ六十間、幅二間、水面カラノ高サ二百尺。昭和六年二月起工、同年八月竣工」。メートル法でいうと長さ百六・七メートル、幅三・七メートルです。

完成式は九月に行われました。この橋はあくまで「軍用道路」で、仙台市が維持管理する条件で許可されました。条件としては、①自動車は車体の重さを含めて一トンを超えない②自動車の通過速度は時速八マイル（一二・八キロ）を超えない③自動車は一台だけ通過する④（人の）交通量が多くなったときは、自動車の通行を禁止する―などです。今では想像もつかないほど厳しい規制ですね。ゆらゆら揺れるつり橋です。こうしないと危険だったのかもしれません。

橋は後に自殺の名所として有名になりました。早くも昭和十年の河北新報紙上には「八木山橋でまた自殺」「今月になってから三人目」などの記事が見られます。太平洋戦争が終わったころも、後を絶たず、市では、橋に自殺防止ネットを張って飛び込めないようにしましたが、効果はありませんでした。自殺者が出ると、五代目久兵衛さんの長女・光さん（故人）は仏壇に線香をあげて死者の冥福を祈りました。「ああ、いやだねえ。こう続くと父はなぜこんな橋を造ったのかと恨みたくなるわねえ」と言うのが口癖でした。

橋は戦後架け替えられます。仙台市は、昭和三十七年、新産業都市大仙台の総合公園構想の一環として橋の再建に取り掛かり、二年半後に完成します。これが今の橋です。長さは百七十七メートル、幅八・五メートル。前のものと比べて長さで七十メートル、幅で五メートル近くも広くなりました。さらに、新しい橋は

橋床のすきまから見えた竜ノ口渓谷はとてもこわかった

橋脚のないデビダーク方式カンチレバー工法で造られました。足場を用いない特殊な方法で架けられたブレストレスコンクリート橋と言います。当時、わが国でも珍しい作業方法で宮崎県に次いで二番目と言われました。前の橋は、橋床が木造で、橋を造るために使ったケーブルの腐食が進んだので、いろいろ改善されたのです。

二番目の橋などの総工費は一億五千万円。ちなみに久兵衛さんの作った橋の代金は四万円、取り付け道路造成、トンネル掘削にさらに四万円かかりました。この分はもちろん、八木家が支払いました。

今、朝夕のラッシュ時や休日には、橋に車の列が並び、もう昔ののどかな風景は見られません。数えてみると、初代の橋から二代目の橋まで六十年間、市民には欠かせない観光道路でした。最近では通勤者の重要な路線としても利用されています。

神宮を上回る球場をと意気込んだ

山に向かう二本の幹線道路と並行して、野球場、遊園地、テニスコート、陸上競技場、公園などの工事が始まりました。中でも昭和二年十月から取り掛かった野球場は、東京の神宮球場を上回る立派なものをと久兵衛さんが期待している施設です。当時は、野球全盛でありながら、仙台には肝心の野球場らしい野球場がなかったからです。

宮城県内で、初めて野球がお目見えするのは明治二十五年です。旧制第二高等学校教師だったハーレルさんが生徒に手ほどきし、この生徒たちが後輩に教え、明治の末期に仙台一中（現在の仙台一高）に野球チームが誕生します。大正になると仙台二中（現仙台二高）東北中（東北高）仙台商業（仙台商高）東北学院中（東北学院高）でも野球チームが作られました。

大正四年、第一回の全国中学校野球大会が行われます。今、夏の甲子園を沸かせる高校野球大会の前身です。最初のときは、東北六県からただ一校が選ばれて出場しました。それから八年後の同十二年、第九回の東北予選では仙台一中が優勝し、宮城県から初の甲子園代表を送り出しました。

当時、仙台にあった野球場は「宮城県百科事典」（河北新報社編）によると、大正十二年、仙台では初めてスタンドのある野球場として知られた「仙台体協球場」が、榴岡にある現在の仙台サンプラザの東向かいに完成しました。仙台商業会議所（現在の商工会議所）が中心になって推進しました。昭和四年になると、薬師堂に「スポーツマン球場」が完成します。久兵衛さんが今、造ろうとしている球場は仙台では三番目の野球場ということになります。

余談になります。「仙台体協球場」について、郷土史家の三原良吉さん（故人）が「仙台あのころこのころ八十八年」（仙台88選選定委員会編）で、こんなエピソードを紹介しています。

「体協球場」の球場開きは、（大正十二年）五月二十七日の「海軍記念日」に行われた。仙台鉄道管理局と安部磯雄率いる全盛時代の早稲田の対戦である。試合は、早稲田が九本の柵越えのホームランを放ち圧勝した。このゲームを見ようと観衆が詰め掛け、球場だけでは入り切れず右翼わきにある正雲寺墓地の墓石の上に群がって観戦した。寺側は何度も注意したが、観客は移動しない。たまりかねた寺は、糞尿の入ったおけを数個用意して、ひゃくしで観衆の頭にかけたのであった。

この球場は、その後、仙台鉄道管理局のホームグラウンドになります。昭和二年、試合中に一塁側のスタンドが倒れる事故があり、けが人はありませんでしたが、これがもとで廃止されてしまいます。

一方、「スポーツマン球場」は、米国大リーグのセントルイス・カージナルスのホーム球場スポーツマン・パークと同名でした。土質がよく、手入れも行き届いてイレギュラーバウンドのない球場で多くの試合や大会が行われました。この球場の右翼の後ろは杉木立で、木に登って見物した人もいました。あるとき、ひとりの少年が目の前にホームランが飛んできたので思わず拍手した途端に真っ逆さまに落ちて死亡。命取りの拍手になってしまいました。この球場も昭和八年に、この事故とは関係なく廃止されます。

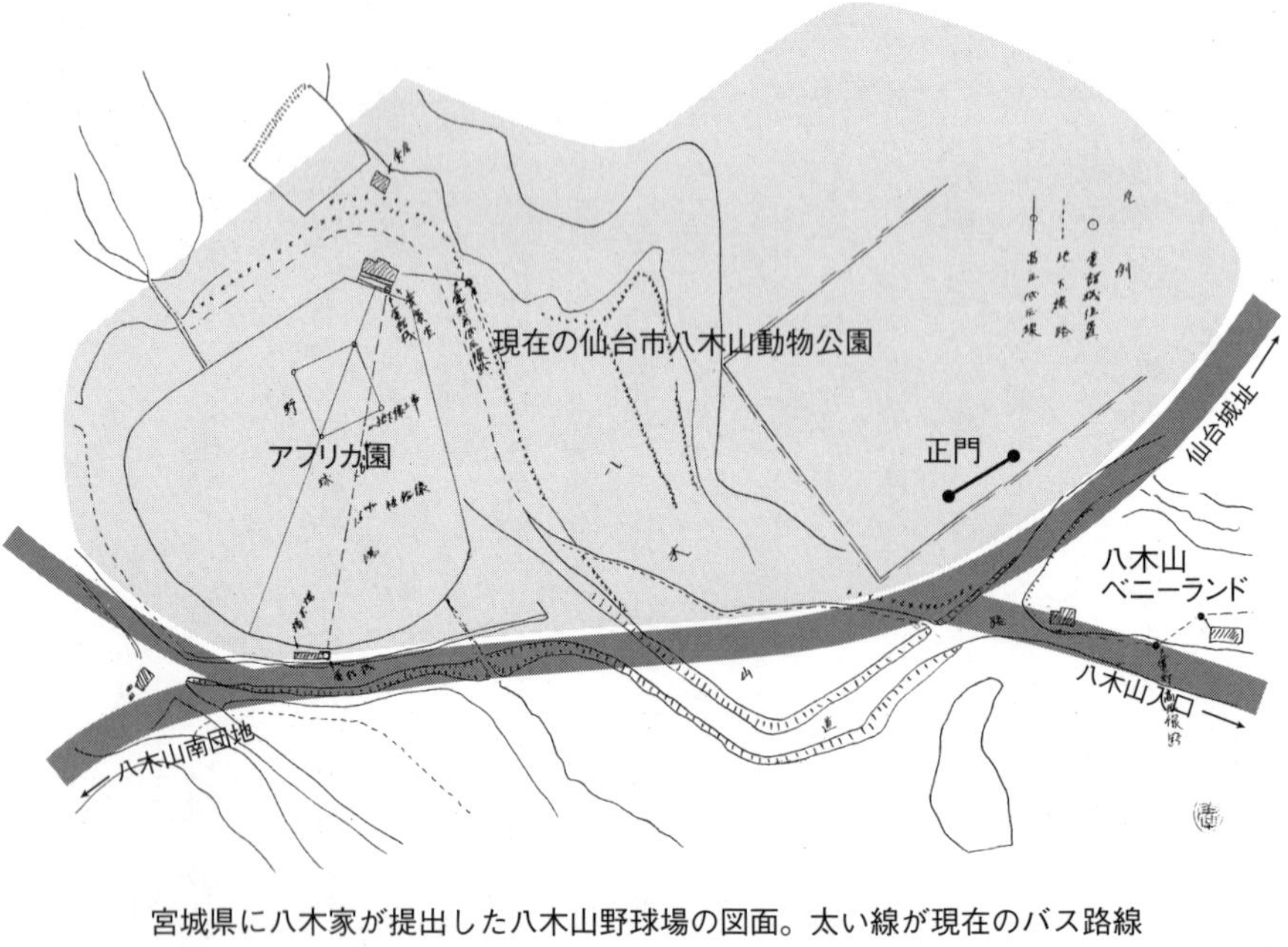

宮城県に八木家が提出した八木山野球場の図面。太い線が現在のバス路線

山を削り谷を埋め東洋一の球場完成

今はもう幻の八木山球場。「神宮を上回る立派なものを」と、昭和二年十月一日の起工式から、久兵衛さんが金に糸目を付けずに造っていた施設は同四年六月完成します。それは素晴らしいものでした。完成間もないころ、同球場を紹介した河北新報の紙面には「東洋一を誇る八木山球場」という表現が見られます。「この球場は広い上にスタンドも立派」と同社発行の「宮城県百科事典」でも書いています。日本一どころか、アジアで一番の球場というのですから仙台市民が自慢する施設だったに相違ありません。

野球場は、外野部分が、現在の動物公園から八木山南団地に向かう幹線道路の右側にあり、したがってバックネットは西側にありました。

「(野球場)入り口にはバットの形をしたコンクリート製の二本の門柱があったね」「バットの上には野球のボールが乗っかっていたよ」「高さは四メートルぐらいかな。あのころとしては、しゃれたものだったんだろううね」。六十代以上の方なら、ご記憶の向きも多いのではないかと思います。

久兵衛さんは、この事業のために招いた元発電所技師、金子隼人さんとともに、当時神宮球場を管理している武満国雄さんを仙台に呼んで基礎知識を学び、それをもとに設計しました。武満さんは、東京六大学野球で、法政大学の選手として活躍した人です。

このへんの事情については八木家には資料はありません。幸いなことに、武山豊治さんという郷土史家が、五代目久兵衛さんと、金子総監督から直接聞いた話が「仙台郷土研究」第四巻に掲載されています。

それによると、野球場にしようと考えていた場所は、かなりの部分が沢や谷になっていたので、山を崩し、谷を埋めて平らにする難工事のすえ、現今見るような立派な球場ができたこと。グラウンドの構造は排水をよくするために地下七十センチの深さに広瀬川の砂礫を並べ、その上に「目潰《めつぶ》し」と呼ばれる小砂利を敷き、さらにその上から十センチの厚さで砂を巻いた。さら

これが往年の八木山野球場だ。現在の宮城球場より一回り大きい

に、表土には砂と粘土を混合したものを置いたことなどを語っています。

「宮城県史」には、「(球場の)周辺に土手を盛り、コンクリートの枠をもってインクローズドし、バックネットには二階建ての貴賓室を設け、一・三塁側には十五段の木造スタンドを巡らし、収容人員は一万人と称したが、実際には二万人は収容できたと思う」とあります。昭和四年六月の開場式には、珍しさもあって二万三千人が詰め掛けたと新聞にあります。

肝心のことを忘れていました。球場の広さはグラウンドとスタンドの部分がほぼ同じで各五千坪です。現在の場所から推測すると、両翼は百メートル前後、中堅は百五十メートル前後となり、改築前の宮城球場を一回り大きくした広さになります。今から七十年も前に、このような施設が八木山にあったというのは驚きですね。

野球場建設も、当時は、頼りは人力だけです。たくさんの労働者が出て、ツルハシで土を掘り、もっこに乗せて運びました。

野球場開きだ　ワンサカ二万三千人

梅雨どきなのに、見事に晴れあがりました。昭和四年六月二十三日。山の開発を手掛けた五代目久兵衛さんにとって一世一代の晴れ姿を披露する日です。一年十カ月をかけて造った野球場開きがこの日行われました。

「朝の八時と言ふに早くも観衆押し寄せる　八木氏感激の万歳」。翌日の河北新報紙上にはこんな見出しが踊っていました。

記念すべき球場開きに選ばれたのは、三田倶楽部と東京倶楽部の試合でした。観戦しようと続々観衆が集まってきました。岩手県千厩町（現一関市）を午前三時に車を連ねて出発したグループがありました。朝八時になると市内のタクシーは全部八木山行きになってしまいます。この日は交通規制で上りはすべて霊屋橋経由、下りは愛宕橋回りの一方通行になりました。「仙台にこんなにもタクシーがあるかと思われるほど八木山の長い坂は自動車の行列で数間先が見えぬような有様」と記事にあります。

これにもまして歩いて登る人たちは「車の数千倍もあり、太い太い大蛇ののたくるように」続きました。なんと二万三千人の観衆が詰め掛けたのです。

午後零時四十分、マーチに乗って、東北学院専門部野球部員を先頭に、宮城師範、仙台一中、二中、東北中、学院中学部、県立工業、仙台商業の八チームがユニホーム姿で登場しました。「君が代」斉唱、国旗掲揚。島田県教育課長が開会を宣言したあと、いよいよ久兵衛さんの出番です。

大きな拍手に迎えられてグラウンドに立った久兵衛さんは「この球場を宮城県に寄付します」と述べ、知事代理の池田忠作学務課長は受領を宣言、譲渡式を終えました。

このとき、久兵衛さんはどんなあいさつをしたのでしょうか。恐らく、先代が、結核死亡率の高い仙台から少しでも患者を減らそうと、山に健康保全の場を造ろうと計画、そのひとつとしてこの球場が完成したのだ、といったことを発言したのではないかと思います。

河北新報　（第三種郵便物認可）　第一萬六千五百五十號　【五】

八木山球場開き

（上右）譲渡式に於る八木氏の挨拶（上左）球場建設者八木久兵衛氏（下）試合場全景（先攻東京クラブ第一打者齋藤第一球を打ちし記念すべき瞬間――場を埋めた万餘の觀衆）

京都府龜岡警察署燒く
重要書類燒失

看破された徴兵忌避
近視眼を裝ふ

「八木山球場開き」を報道する河北新報
上左は、ボールを手に持った久兵衛さん、上右は譲渡式で挨拶する久兵衛さん、下は試合全景。先攻東京倶楽部第一打者斎藤第一球を打ちし記念すべき瞬間。場内を埋めた万余の観衆。

幹線道路建設や施設造りの、今までの苦労が走馬灯のように久兵衛さんの脳裏をかすめて行ったに違いありません。

午後三時から始まった三田と東京の試合は、5―5同点のまま延長十回裏に東京が三塁打などの強襲で3点を上げ8―5で快勝します。試合が終わるのを待ちかねるように久兵衛さんはグラウンドに進み出て、貴賓席のあるバックネットの方に向かって「バンザーイ」と両手を高く挙げました。

当日の様子を河北新報は紙面に三枚の写真を使って報道しています。大観衆のスタンド、それに上の写真がそれです。久兵衛さんも写っています。久兵衛さんは、モーニング姿でボールを持っています。晴れの舞台なのに、背中を丸めて、なにやらはずかしげな表情です。温厚で人前でしゃべることが得手でなかったということの人を浮き彫りにするような写真です。

試合は入場無料でした。東京の野球チームの招待に要した経費はもちろん、すべて八木家がまかなったということです。

試合の模様は、現在のNHKからラジオで中継放送されました。仙台中央放送局の担当で、東北では初めてのことでした。

「放送はバックネット裏から河村アナウンサーの実況である。そのわきにＨＫ（現在のＮＨＫ仙台中央放送局）野球チームの高野君と仙台の庭球界で信ちゃんで通る鈴木君とがスコアの方を引き受け、半沢ドクトルが顧問役として傍らに控え、選手の動きひとつ見逃さぬまでの堅固な陣容。技術関係者十数人が張り付いて試合の開始を待った」と新聞にあります。

なにしろ、初めての実況放送で打ち合わせ通りにいかないこともあったらしく、「あせり気味もあり、いちいち指導者の説明を口まねするような形であったので、アナウンスは遅れがちとなり、あわててはいろいろ間違いもあった」ようです。

たとえば、大きな拍手が終わったあとで、なぜ拍手があったのか説明するといった具合でした。「今後は、放送者はボールカウントをスコアラーに聞く程度にし、自分で見たままにアナウンスしたら立派になるであろう」と記事は注文を付けています。

この日を期して球場は「宮城県営八木山球場」と呼ばれることになりました。

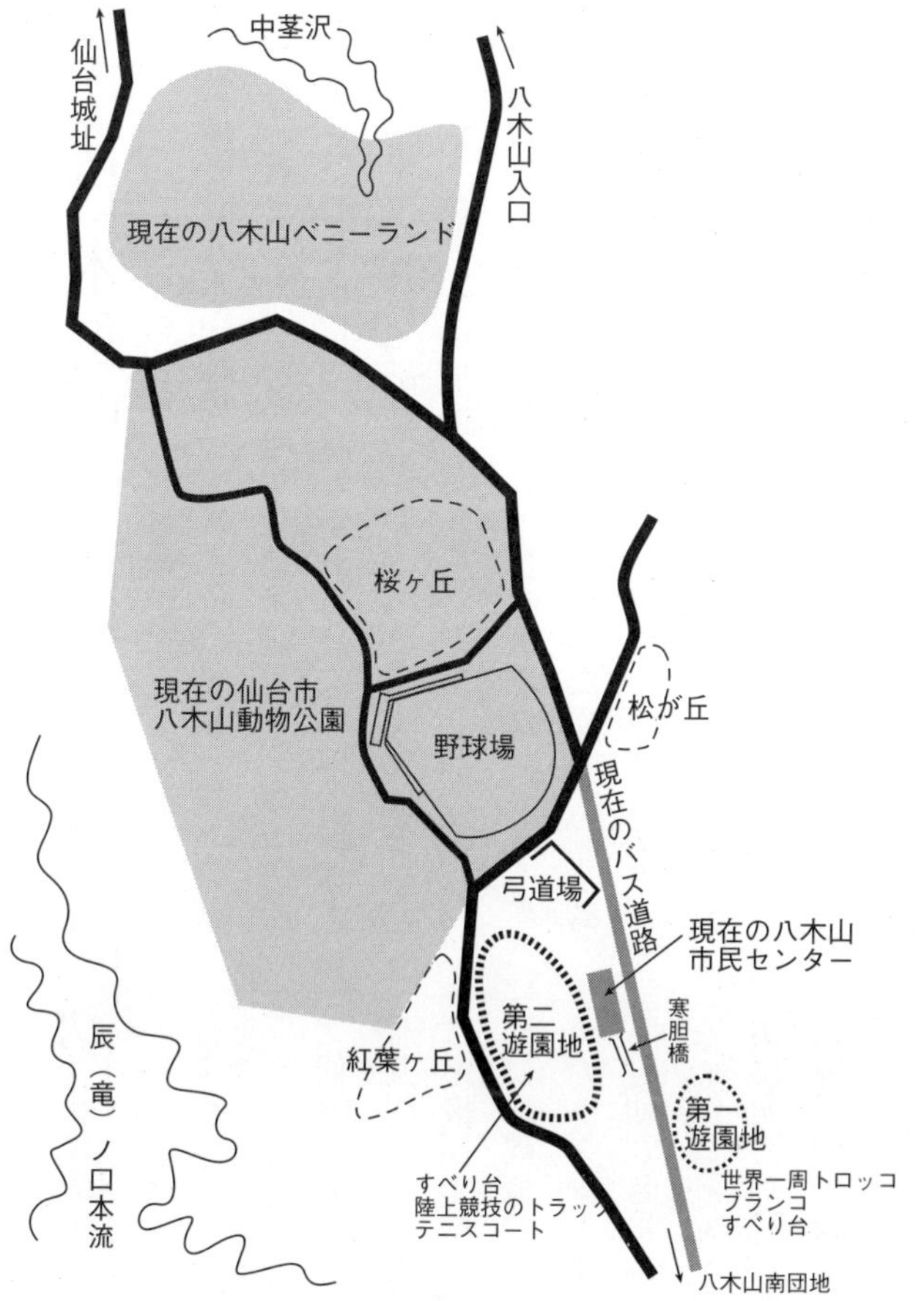

八木家が宮城県に提出した風致地区に建設する野球場、遊園地、公園の見取り図。太い線が現在の道路。

日米野球で市場休業　試験は延期

「宮城県営八木山球場」では、その後も、数々の試合が行われました。昭和四年秋に米国のミシガン大チームがやって来ました。同六年十一月には日米野球大会、同九年十一月には野球王ベーブ・ルースがここで、二本のホームランを放っています。

昭和六年十一月十日行われた日米野球は、大正八年設立の仙台市街自動車株式会社が招いたのです。当時の広告に「ネット裏指定席二円五十銭、内野スタンド一円五十銭、外野が七十銭」とあります。試合の一カ月前から入場券は売り出されました。

試合はハーバート・ハンターの率いる全米野球団と全明治大で行われました。結果は13―2で米国の圧勝となりました。米国第一級の速球投手グローブ、捕手カクレーン、一塁手ジョージ・ケリー、遊撃手モランビル、不世出のゲーリック、後に日本の野球界を啓蒙したフランク・オドールなどが妙技を見せました。

試合の詳しい記録が残っていますが、割愛して、ここでは相も変らぬフィーバーぶりをいくつか紹介しましょう。

仙台市河原町にある青果市場は、観戦のために臨時休業しました。また、仙台に住んでいる米国人の有志は応援団を結成、試合当日、米軍のダッグアウトの三塁側に陣取って「アメリカがんばれ」と声援を送りました。スタンドは午後二時からの試合開始を前に、早くも朝九時には「外野の芝生はアリのはい出るすきもない程の観客で埋め尽くされた」そうです。この日、山にある球場は北西の風強く、砂が舞い上がって人々は風呂敷でほおかぶりして試合開始を待ちました。

同球場の開場開きが行われた昭和四年六月と二年半後の昭和六年十一月を、新聞報道で比較すると観客の足に大きな変化がみられます。昭和四年当時は、「タクシーの長い列が山に向かって進み、それにもまして歩いて登る人は車の何千倍」だったのが、昭和六年になると、「八木山橋のできた今日、八木山道はドライブ・ロードと化してバスとタクシーが列をなし、通行者はまばら」とあります。わずかの期間で、仙台のモータリゼーションが急速に進んでいることが分かります。さらに、八木山橋の完成で山への交通事情がよくなったことも分かります。

当時の新聞をめくっていたら、こんな記事にお目にかかりました。日米野球の三日後の十一月十三日付河北新報五面に「仙台商業五年生学校当局に反抗す下級生にも波及の模様」という見出しで次のような記事が出ていました。

「仙台商業五年生百五十人は十一日以来登校せず、天守台や台原の野原に集まって学校に反抗、気勢を上げている。この動きが下級生に波及する恐れがあるので、校長は四年生全員を一堂に集めて自重するように注意した。しかし結束が固いので学校では十二日から五日間、臨時休校することになった。同校では五日から十五日まで臨時試験をしていたが、十日は野球で試験を中止、十二日には『野球観戦で疲れたろうから』と試験はなく、普通の授業を行った。せっかく試験の準備をしてきた生徒たちは、『野球のために試験を休むなんて理屈に合わない』と学校に反省を求めた」。

学校側の談話が出ています。蜷川校長は「ほかの学校でも野球のために便宜を図っており、本校でも観戦希望者が多かったので試験を取り止めた。なかには野球に行けない生徒もいたのでこうした問題になったのだろう」

一方、仙台育英中学校では、野球の日、東北中学校との剣道の試合が予定されていました。野球のために中止したところ、無視して試合をしたので、試合に参加した四人を停学処分に。処分を不当とした四、五年生が登校を拒否して台原に集まったのです。

ふたつの紛争は、その後解決しますが、日米野球がきっかけで起きた中学校のストライキは、市内がこの野球に、いかに沸き立っていたかが分かります。だが、目を一歩社会に向けると野球で浮かれているような情勢ではありませんでした。

球場は浮き世の憂さの捨てどころ

野球王ベーブ・ルースが仙台にやってきたのは、昭和九年十一月九日の朝でした。宮城県宮八木山球場でこの日午後行われる、全日本チームと米大リーグ選抜チームの野球戦のためです。

ルース（一八九五—一九四八）の名前はだれでも知っています。米国大リーグのスーパースターでした。ボストンレッドソックスでは投手として活躍しました。打撃の天分を買われてニューヨーク・ヤンキースに移り、外野手、三番バッターとして好成績を挙げました。エピソードの多い人で、なかでも昭和七年シカゴ・カブスのワールドシリーズ第三戦で、センターを指して次の球をそこにたたき込んだ話は有名です。十二年間本塁打王となり、通算本塁打数は七百十四。仙台にやってきた翌年引退しました。

ルースは午前七時十八分仙台着の列車で、函館から到着しました。駅頭にはルースの顔をひと目見ようとたくさんの人が押しかけました。寒い朝でした。青森県弘前地方にはこの朝、初雪が降りました。外とうに身を包んだ選手団のなかにルースを見つけた人たちから「ハロー、ベーブ・ルース」「万歳、ベーブ・ルース」の声が飛びました。少しも気取らずにルースは「バンゼイ、バンゼイ」と応じていました。万歳がバンゼイと聞こえたのでしょう。

駅頭でもみくちゃにされ、宿舎の国分町境屋旅館前でも歓迎を受けました。父親に抱かれた小さな子供がいるのを見つけると、大きな手で子供の頭をなでて「かわいいね」と子ぼんのうぶりを見せていました。

（河北新報夕刊から）

試合は好天に恵まれました。ルース、ゲーリックなど二十人の米国選手は灰色のユニホーム、胴は真紅のレザーコートを着て全日本と対戦しました。米チームは、この日合わせて五本のホームランをかっ飛ばしました。ルースは日本に来て初めて二本のホームランを放ったほか、ゲーリック、フオックス、ミラーが各一本です。試合は7—0と米軍の圧勝に終わりました。

五代目久兵衛さんは、球場でベーブ・ルースに会っています。このときルースは「なぜこんな高台に野球場を造ったのですか。高いところにある球場での試合は、私、あまり経験がありません」と久兵衛さんに質問したそうです。標高百五十メートルのところにある野球場は当時珍しかったのでしょう。久兵衛さんはなんと答えたのでしょうか。興味のあるところですね。

日本の野球界にとって昭和九年という年は画期的な年でした。同年暮れ、東京で、わが国では初めてのプロ野球チーム大日本東京野球倶楽部が創立されたのです。選手の顔触れは、投手の沢村栄治、スタルヒン、内野手の三原脩、水原茂など十九人でした。翌年さらに六つの球団が生まれます。

昭和六年、全米野球団が来日して、早大、慶大、明治大などの野球チームと対戦、日本チームが善戦して話題を呼びます。同年、野球統制令によって学生とプロの対戦が禁止されてしまったので、同九年の試合は、急遽、社会人から全日本チームを編成して米国選手と戦いました。結果的には全敗するのですが、プロ野球発足の機運が最高潮に達し、ついに、プロ野球団が結成されたのでした。

しかし、当時の社会情勢は野球だけに浮かれているほど楽観的ではありませんでした。昭和四年十月二十四日のニューヨーク株式暴落から始まった世界恐慌は、日本にも深刻な影響を与えました。外貨獲得の主役であった生糸輸出の破綻を通じて国際収支を圧迫し、翌五年の米価暴落とあいまって農村を不況のどん底に追いやったのです。失業者は増大し、「大学は出たけれど」の就職難時代でした。

昭和九年、不況に追い討ちをかけるように東北地方は大凶作に見舞われます。借金に悩む農民たちのなかには、娘の身売りや夜逃げが続出、学校に弁当を持って行けない欠食児童も数多く見られました。

ベーブ・ルースが仙台にやってきた十一月九日の河北新報夕刊を見ても「東北地方の凶作に天皇、皇后両陛下が五十万円をご下賜された。仙台にある第二師団でも義援金を贈ることになり各部隊に拠出を通達した」「岩手県遠野署の及川巡査は、窮乏の一家にポケットマネー十三円を贈った」などの記事が見られます。

また、国立栄養研究所の黒田技師が山形県の山村を調査したところ、大多数の農家はカボチャご飯で、お

仙台に来た大リーグのスーパースター、ベーブ・ルース

かずは浅漬けあるいは生味噌だけだった、という報告が載っています。飽食時代の今では考えられない食生活をしていたことが分かります。

それだけではありません。昭和六年九月、満州（中国東北部）奉天近くの柳条湖の鉄道爆破事件をきっかけに、駐留中の日本軍と中国軍が交戦、「満州事変」が勃発しました。中国は「日本の侵略行為」と国際連盟に訴え、国際連盟は、調査団を送って調査した結果、「日本の自衛行動に当たらず」と結論を出します。

翌七年には、日本は「満州国」を建設します。国際連盟は日本に満州からの撤退を勧告しますが、これに応じません。翌年、国際連盟では、満州の問題は、四十二対一で日本が支持されず、ついに日本は国際連盟を脱退しました。

このようなかで、軍部の影響力は強まり、国内では軍部や右翼のテロが横行する結果になりました。憂《ゆう》鬱《うつ》な世相が逆に野球熱でうっぷんばらしということになったのかもしれません。

空気清澄　格好のハイキングコース

八木山球場の隣には、遊園地や公園が作られました。野球場と並行して工事が進められ、球場が出来上がってから約一年後の昭和五年四月に完成しました。ここも、野球場とともに、宮城県に寄付されました。遊園地の広さは、八木山球場の一・五倍、約一万三千坪もありました。

遊園地は、大きく言うとふたつに分かれていました。子供専用の第一遊園地には、「世界一周」と銘打ったトロッコ、ブランコ、すべり台、第二遊園地は、陸上のトラック、弓道場、テニスコートなどがありました。こちらは運動場です。

隣接して公園が作られています。そこには、桜の木を植えた「桜ケ丘」（約五千六百坪）モミジの木がたくさんある「紅葉ケ丘」（約五千三百坪）がありました。野球場と遊園地それに公園を入れると総面積で十万坪という広大な広さになります。皇居のざっと二・五倍に当たります。

遊園地には、昭和十年、市民有志によって作られた八木山公園協会が枝垂桜一千株を寄付しました。また昭和十二年三月、仙台芸妓置屋組合が寄付金を募集し、集まった金で枝垂桜二百七十六株、紅葉ケ丘と松林の道路わきには吉野桜五百三十四株が植えられ、仙台市に寄付されました。市民が八木山の公園や緑地を「皆のもの」としてかかわり、応援している様子が分かります。

遊園地や公園の写真は残念ながら八木家には保存されていません。ところが、昭和五十六年、八木山地区連合町内会が発行した「拾年の歩み」に掲載されていたのです。もともと原画が鮮明でないのか、いい写りではありません。それでも、手前にベンチが写っており、たくさんの人が出かけて来ているのが分かります。

実際にはどんな遊園地だったのか、知りたいところです。いい資料がありました。前にも紹介した、郷土史家武山豊治さんが昭和初期、「仙台郷土研究」という本に八木山ルポを書いていました。当時の八木山の様子が分かる数少ない文献です。

「天守台からつり橋を渡って八木山に向かう道路は、まさしく仙台の名所である。つり橋を経て坂を登ると八木山トンネルにさしかかる。炎天焼くがごとき夏の日でも数分も歩むと冷涼をおぼえる。トンネルを過ぎると三十三間（約七十メートル）の片桟橋すなわち畔月橋がある。ここから竜ノ口渓流を望むるとき耶馬渓もかくやと思われる」。耶馬渓とは、大分県北部、山国川上流にある景勝地のことです。

一方、別のルートから山へ向かいます。「越路長徳寺前（八木山入り口）から幹線道路を登り、逓信講習所の寄宿舎（旧河北新報社宅敷地付近）を右手に見ながらさらに登ると八丁平の平坦面が展開され、八木山の玄関とも言うべき松、杉の並木道路に遭遇する。ここを過ぎると手入れの行き届いた若い松並木がわれらを歓迎し、薬研坂付近に至れば左手に白亜の帝大観象が見える」。帝大観象とは、東北帝大理学部の気象地震研究所のことです。大正二年八月、向山小学校の隣に設けられたのですが、昭和五年松波町の現在の東北放送向かいに移転、戦後までここで研究を続けました。市民からは「白亜の帝大観象」と親しまれていました。

「さらに進むと右手に観紅台の立て札が見え、仙台市主要部の全景、広瀬川の清流が望見され、間もなくして野球場に到着する」

さてここからが、遊園地、運動場の紹介です。

「牡丹園の散策で花を愛し、寒胆橋でキモをつぶし、遊動円木に船乗りの練習、八木山汽車で世界一周するも一興である。ブランコ、競馬の享楽は一日を要しても尽きない。弓道あり、テニス、野球はもちろんラグビーもできる。一般的な道具は事務所に申し込めばいつでも貸してくれる」

遊園地から少し登ったところに越路神社がありました。さらに南下すると秋保電鉄の富沢駅まで三・三キロメートル、道幅の広い道路が完成していました。

八木山は、当時市民のハイキングコースでした。「八木山公園は四囲の展望にすぐれ、空気極めて清澄、しかも自然の美景をそこなわずして遊園地、運動場を完備しており、一日の旅行距離として最も適切である」武山さんのルポは、最後にこう結んでいます。

（67ページの地図参考）

情報公開利用で新たな発見や謎が

　久兵衛さんが昭和初期、宮城県に寄付した県営八木山野球場や遊園地、公園について、宮城県はどんな資料を持っているのだろうか。行政文書開示の請求をしたところ、浅野知事名で早速返事をもらいました。県で保管していた資料は合計二十五件。内訳は、野球場の寄付願い、球場に電話架設の件、野球場開会式の文部大臣祝辞、救護体制、入場式に出席する学校の名前、人数、服装についての通達、県営運動場設置に関する懇談会記録、県営八木山野球場使用条例など、昭和二年九月から同五年九月までのものです。

　新しいことが、いくつか分かりました。その中でも、久兵衛さんから寄付された野球場などについて宮城県では「久宮祐子《ひさのみやさちこ》内親王殿下ご誕生を祝う記念事業」という位置づけで処理していました。昭和四年六月八日付で、知事から文部大臣にあてた「祝辞下付ノ件申請」という文書で見つけました。記念事業として建設中の八木山運動場が完成、近く開場式を挙行するので、ご臨席、ご祝辞を賜りたいというのです。

　久宮とはどういう方なのか。あまりなじみのない皇族です。宮内庁に聞いてみました。親切、迅速な回答がありました。この方は昭和天皇の次女で、昭和二年九月十日誕生されました。翌三年三月八日敗血症で亡くなられています。

　球場開きの日、新聞報道などに「奉祝」の部分を触れていないのは、お亡くなりになったからでしょう。それはそれで分かりますが、昭和三年に亡くなられた方を翌四年に「誕生を祝う行事」というのも理屈に合わない話です。どういうことなのでしょうか。

　宮内庁報道課の方は「ほかの宮様の間違いではないでしょうか。昭和四年四月三十日には和子内親王が誕生されています。（平成元年五月二十日死去）」と言います。確かにそういうことも考えられます。しかし文部大臣あての公文書（昭和四年六月八日、学務部発第二三五九号）には、「久宮祐子内親王殿下…」とはっきり書いてあります。同時に県学務部長から仙台市長にあてた文書にも「御慶事」という言葉を消して「久宮御誕生奉祝記念事業トシテ八木久兵衛氏ノ寄付ニヨル八木山運動場建設中ノ処今回完成致候ニ付、来ル六月二十三日午後一時カラ開場式挙行致候…」とこちらも「久宮」を明記しているのです。どう説明したらいいのでしょうか。まさにミステリーです。

このほかに、新しい発見がいくつかありました。野球場開きは昭和四年六月に行われました。「寄付採納願い」はこれをさかのぼること約二年前の同二年九月十日に提出されていました。久兵衛さんはこの中で（一）県に寄付するのは、地蔵平付近の山林十万坪である。このうち八万坪は公衆の遊園地に、残る二万坪は県営運動場として全般の競技場に供する。運動場は、当初は陸上競技場、野球場、テニスコートの三種類を考えている（二）この場所は、かつて仙台藩の藩有地であったので、将来山林内に伊達政宗の銅像を立てる（三）仙台城から地蔵平の間にある「辰ノ口澤」（竜ノ口）に架橋する—などと記しています。また、「以上の設備を作る経費は、一切当方で負担する。今後、県で維持管理計画を確立するまで、引き続き経費を負担する」と言っています。おんぶにだっこの寄付だったことが分かります。

八木家から十万坪の寄付を受けた県農林部は、この年八月、延べ五人をさし向けて、現地の実測調査をしています。その結果、実測面積は五万八千五百四十一坪であったと知事に報告しています。この数字は、何を意味するかは不明です。

久兵衛さんは、野球場の事務所、貴賓室に電話を架設しようと昭和二年に申請、認められます。電話は、当時、今の県中央児童相談所までは行っていましたが、後は新設になります。この件で、仙台逓信局から電話設備費として七百円、同登記料として十三円を寄付するよう要請がありました。

昭和二年八月十三日、県が主催して「県営運動場設置に関する懇談会」を開いています。会合には、知事、学務部長、市内の医師、学校教師、新聞社などから十四人が招かれました。久兵衛さんが運動施設を寄付することになったので、「スポーツに詳しい皆さんからご意見を」との趣旨で集まったようです。

席上、県側から、二万坪の運動場に、陸上競技場、野球場、テニスコートを造る計画であること。陸上競技場は一周四百メートル、走路幅は十メートル。三方にスタンドを設置する。野球場は、四角形対角線を約百五十メートルとし西北にバックネットを張る。テニスコートは四面作る―ことなどを説明します。

この後、質疑応答がありました。質問は「相撲場、大弓場は作らないのか」「三種以外の設備も造れないか」「土木費その他の経費が少なすぎるのでは」などです。県側の答弁は、たびたび、お金のことが引き合いに出されています。例えば、「運動場を維持管理するためには年間三千円の経費がかかる」とか、「付属建築物」の事務所、浴室、選手控え室などの建設に八千円を要する」「運動施設を造る土木費として二万二千円を要す」などです。結果的には、久兵衛さんが全額負担するのですが、このときは、だれがどの程度負担するのか分からない時期だったので、いろいろ意見が出たのだと思います。

また「これらの施設は市内からあまりに遠い。交通に不便だし、高い所にあるし、ほかにいい場所はないのか」という質問が出されました。県側は「市内で適当な土地を発見することは困難であり、もっと金がかかる。市中心部から約二キロ、竜ノ口に橋がかかれば交通は困難ではない」と答弁しています。

もし、この席に久兵衛さんが呼ばれていたならば「この施設は、結核患者をすこしでも減らそうと造っているのです。緑あふれる、高台の空気のいいところで、運動したり散策して汗を流すことに意味があるのです。ここが最もふさわしい場所です」と力説したかもしれません。この会合では、まず現地視察をしようとの結論になったとあります。

宮城県は、寄付に伴って「宮城県営八木山野球場使用条例」「八木山野球場協会規約」を作ります。「使用条例」(昭和四年九月施行)は(一)使用時間は日の出から日没まで(二)使用希望者は三日前までに届ける(三)使用料は、入場料を取るときは入場料総額の百分の五。総額がそれに満たない場合は一日五十円とする、などとなっています。「野球場協会」は、県営球場を維持、協賛するための、いわば応援団です。会長は湯沢三千男知事です。名誉顧問に五代目久兵衛さん、ほかに八木家からは五代目長男の久三九、八木山開発の実務者金子隼人、西館勤さんが理事として入っています。

昭和初期にもう団地　洋館風で百坪超

仙台の郷土史家、三原良吉さん（故人）が書いたエッセイ「八木山球場・ゲーリック」を見付けました。出典は明らかではありませんが、昭和初期の作品に間違いありません。以下紹介します。

「今から二十数年前まで、八木山球場は斧鉞《ふえつ》を入れぬ密林であった。現在グラウンドのあるところは『中の茎』と言い、あそこから沢また沢を越えて『入りの茎』または『奥の茎』と呼ばれ、秋になるとキノコが多かった。広瀬川べりに育った私は近所の腕白とよくそこへ出かけて行った。ちょうど中学の一年ごろであったが、今歩兵大尉になっているSと、慶応を出て東京に勤めているHと三人で一日キノコ採りに行き『中の茎』（今の球場）でにぎり飯を食っているとき、Hは『何年か後に仙台も人口が増えて今にこの辺に家が建つことがないだろうか』と言ったが、Sも私も、Hの突拍子もない言葉に大笑いしたことがあった。」

そして、この友人の見通しの正しさに驚くのです。

「あれから二十年の後に、山の姿はまるで変わってしまった。茂庭の方の山荘に帰る人が一日に何人か昼も暗い密林のなかの路を、わずかに山鳩の声を聞きながら、とぼとぼ通っていたかわりに今度は広い視野を瞰《かん》下《か》しながら自動車をドライブするということになり、日陰も洩れなかった『中の茎』には東洋一のボール・パークが造られたのである。あのときHが言った通り住宅はもう越路山（現在の八木山）のすそ野まで迫っている。」

三原さんがここに書いている「山のすそ野まで迫っている住宅」とは、八木山緑町に昭和七年から九年までに造成された住宅団地のことではないかと思われます。場所は向山高校の西側で、久兵衛さんが、野球場への幹線道路を建設する際、並行して作った二十二戸の借家でした。おそらく仙台の住宅団地の草分けと言ってもいいでしょう。

家は昭和七年に六戸、同九年に十六戸建てられました。合計二十二戸の一軒当たりの敷地は百五十坪から百三十坪です。今から見ると随分広かったですね。住宅の間取りは玄関を上がったところが三畳の畳の間、次いで六畳の茶の間、奥の間（八畳）を半間廊下がぐるりと回っており、玄関側に六畳の洋間、茶の間の奥に四畳半の突き出た部屋、その西側に台所、風呂場がありました。

建物が当時のままという家はほとんどありません。完成したのは、今から六十数年も前のことです。住民が変わったり、戦災に遭った家、新築や立て直しをしているので、様相が変わっているのは当然です。ほんの一部ですが、当時の姿をとどめている家があります。その家を拝見しました。住んでいらっしゃる方はこう語っています。「古い家ですから台風の後で雨漏りがする、戸障子はガタピシ、立て付けは悪い。しかし、縁の下が高くて通風がいいので、これまで保ってきたのでしょう。自慢するようなものはありませんが、廊下の上の屋根を支えている材木は直径三十センチもある一本丸太を削ったものです。いまどき、こんなぜいたくな借家はありません。ひと間だけ、洋館建てもありますす。昭和初期の借家はなかなかしゃれていますね」。

昭和初期の面影を残している住宅

八木山族の元祖は緑町の二十二戸

五代目久兵衛さんが、八木山緑町に作った住宅二十二戸を管理していたのは、西館勤さん（故人）です。西館夫人しめよさん（故人）は、久兵衛夫人の妹です。八木家は、山の開発に当たって発電所技師金子隼人さんのほか、西館さんも親戚筋ということで、有力スタッフのひとりに加え、昭和九年までに緑町に「文化住宅」が完成すると管理をゆだねました。

元仙台南高校校長の佐々木光雄さん（六十六歳）の家族も、この団地に昭和十年代から住んでいました。佐々木さんは「毎月、家賃を届けに行くのが小さいころ私の役目で、今の香澄町、河北新報社宅敷地わきにあった西館さんの家へ行ったものです。駄賃にお菓子をもらうのが楽しみでした」と語っています。

二十二戸の住宅はすべて借家でした。長町に住んでいた柿沼源八という大工さんが、材木を西館邸の近くに運んで、多くの大工さんがノミとカンナで「バストイレ付き４Ｋ」の家を仕立てました。

当時の家賃について西館六郎さん（六十七歳）が、昔から住んでいる近所の人たちに聞いてくれました。皆の記憶を寄せ集めると昭和七年には月額十円五十銭、同十年になると十五円、終戦後の二十五年には千円になりました。

「値段の明治、大正、昭和史」（朝日新聞社発行）によると、東京の下町の一戸建てあるいは長屋形式（六畳、四畳半、三畳、台所、洗面所）の家賃は昭和七年十二円、昭和二十七年九百円とあります。作家の佐多稲子さんはこの本のなかで「…何度目かの転宅をしたのが昭和七年の十二月であった。早速その年末に払う十円位の家賃がなかった。…」と書いています。

これらを総合すると、仙台と東京の物価差を考慮に入れても、八木山の家賃は相場並みということになります。ただし、八木山の大家さんは、年一回、畳の表替えを大家の負担でやってくれました。さらに年がたつにつれて家賃を五十銭程度安くする方法も取りました。

ここに住んでいたのはサラリーマン家庭がほとんど

でした。郵政とか鉄道に勤めている人が多く、教員や銀行勤務の人もいました。そう言えば、八木山開発の初期には逓信省、今の郵政省の姿がちらほらしています。戦前、緑町近くには逓信講習所の宿舎がありました。現在も、八木山には郵政研修所や郵政職員の宿舎があります。東北工業大学や、同付属高校の設立には郵政の息がかかっています。

なぜでしょうか。貴族院議員をしていた四代目久兵衛さんとの関係かなとも考えてみました。議会の逓信委員会所属の今でいう「族議員」だったのではないだろうか。でも違うようです。明治憲法下の帝国議会は本会議が審議の中心でした。それに、貴族院は全国の長者、学識経験者のほか皇族、華族などで構成しています。ここに委員会というのもしっくりしません。ですから八木山と郵政の関係は依然不明です。

西館さんは平成四年四月から、町内会八木山翠《みどり》会の会長をしています。「小さな住宅地から始まった緑町も、今では周辺を入れると七百所帯が住む大団地になりました。昔の共同体意識が残っているせいか、よそからはまとまっていると言われるんですよ」。

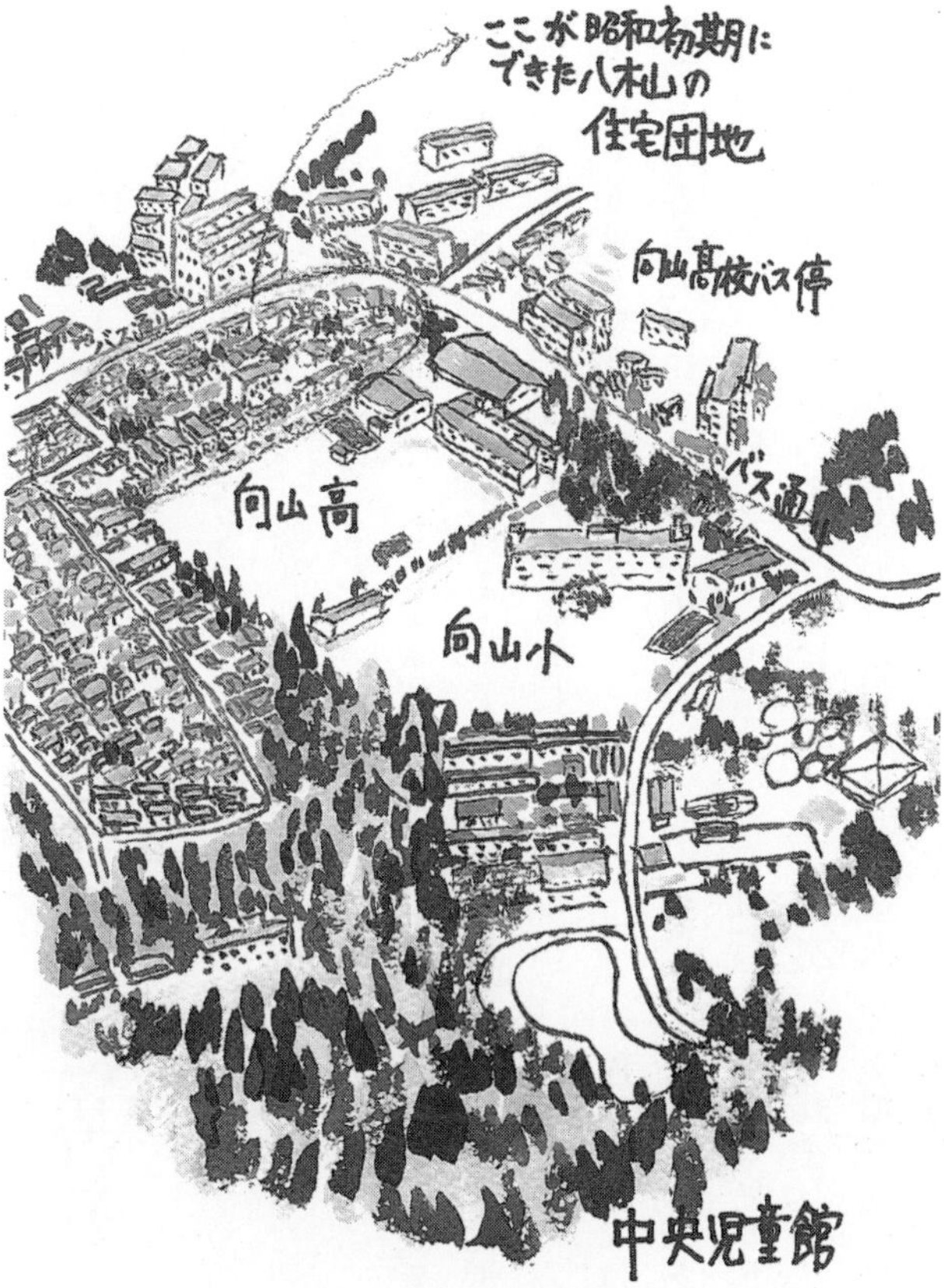

空から見た八木山緑町付近

沢水だけが頼り ほんとに苦労した

水道の栓をひねると勢いよく水が出てきます。ごく当たり前、ではありません。昭和初期、八木山や向山に住人たちは飲料水で苦労しました。あちこちに亜炭鉱があり、地下に坑道が走っています。ザル底といって地下水がたまらず、くみ上げることもできません。場所によって井戸水は出ても、飲み水には適さず風呂や洗濯にしか使えなかったのです。

昭和七年から九年にかけて八木山緑町に造成された「文化住宅」では、住宅の近くにある清水沢から鉄管で水を上げ、タンクにためて各家庭に給水する簡易水道方式を取っていました。清水沢は現在の東北工業大学高校グラウンドがある場所です。昭和四十年代、沢は埋め立てられましたが、昔は勾配の急な沢で、清水がこんこんと湧いていました。

簡易水道です。浄化は完全ではありません。秋になると、水に混じって色づいた木の葉が蛇口から出てきたこともありました。今よりも水はうまく、風情がありました。

機械が故障すると大変です。「住宅の管理をまかせられていた親父は、事故があると、機械屋さんに連絡して人をよこしてもらうんです。それでも駄目だと住民総出で沢を下がって行って水をくんで、バケツをかついでまた沢を上る。この繰り返しで、水のありがたさを身にしみて感じたものでした」と八木山緑町、西館六郎さんは語ります。

八木山にあった住宅は当時ここだけです。古くからの人家密集地向山地区でも水を得るための努力が続けられました。たびたび出てくる向山小学校社会科研究会編「向山付近の地誌概要」には、その状況がよくまとめられています。

〈その一〉亜炭採掘業者の長屋が多かった長徳寺前、米とぎ沢、旧佐伯山周辺は、沢の水を桶にためて、天秤で家に運んだ。

〈その二〉愛宕山には昭和八年ごろ三軒の料理屋があった。井戸を掘っても水が出ないので、山の下から運んだ。「水は酒よりも貴重品だ」と言っていた。

清水沢のあったところは東北工大高校のグラウンドに

〈その三〉六軒丁や東洋館の人は近くの清水沢の水を飲料水に。沢の下流にダムのようなマスを造り、そこに水をためて使った。東洋館では、直接広瀬川の水をくみ上げたこともあった。

〈その四〉経ケ峰、瑞鳳殿の境内にある井戸の釣瓶縄《つるべなわ》の長さは八尋《ひろ》。その麓の場所の長さは七―九尋だった。釣瓶とは縄などの先につけて井戸の水をくみ上げる桶のことで、一尋は両手を左右に広げたときの両手先の間の距離。経ケ峰など小高い場所に比べてその麓の湧水量は豊富だった。

〈その五〉昭和九年開校の向山尋常小学校、宮城県女子専門学校の給水は当時向山路地町（現在の向山バス通り）あたりまで来ていた仙台市の上水道を使った。仙台高等工業学校の日就寮（現東北大学日就寮）は、はるばる路地町から水を引いてきた。

生活には絶対必要な水です。この地区の人々はどれが一番いいのかを考えて行動しました。昭和二十年七月の仙台空襲では、市の水道が壊滅状態になりました。このとき、付近の人たちは沢の水を求めて清水沢に下り、人海戦術で水を確保したのです。戦後、水利組合が結成されたのも、安定供給を目指したからです。

開発に三十三億円の巨費を投じた

八木山の開発費用は全額、紅久株式会社が出しました。しかも完成後は野球場、遊園地、公園など約十万坪だけでなく幹線道路もつり橋も県や市に寄付されます。仙台市の年表を見ると「昭和四年六月二十三日、八木久兵衛、野球場を県に寄付」「同九年四月一日、久兵衛、八木山公園を仙台市に寄付」などの記述がみられます。久兵衛さんが山の開発に使ったお金はどのくらいになるのでしょうか。四代目の四男に当たる八木栄治さんは「うちにはそういう資料が残っていないし分かりません。そもそも、初めは山の取得から始まりましたが、このときだって、どのくらいのお金がかかったのか、今となっては調べようもありません。さらに道路造り、施設造りなど、今のお金にしたら想像もつかない金額でしょうね」と語っています。

ヒントになる材料がひとつだけあります。前にも紹介した「仙台郷土研究」のなかで武山豊治さんが五代目久兵衛さん、山の総合開発の総監督金子隼人さんと会って「山の開発に七十万円をかけた」ということを聞き出しています。

昭和初期の七十万円は、今のお金にしたらどのくらいになるのだろうか。「値段の風俗史」（週刊朝日編）によると、物価は当時の三千倍から五千倍に上っています。それから見ると二十一億円から三十五億円という数字が出ました。それでも不安なので、大手建設会社の人に「これだけの事業をやるとしたら経費はいくらかかるか」試算してもらいました。答えは三十三億円でした。もちろん、土地代は抜きの数字です。土地を時価で買い上げるとしたら、この何倍の金額になるか分かりません。

しかも、ただ使うだけです。見返りは何もないのです。設備投資という考えは通用しません。巨額の金を開発に投じた八木家の財政は、決して楽ではなかったはずです。しかも、この時期は世界恐慌や東北大飢饉など不景気な話が充満していました。

不況のどん底にあっても開発続行

山の所有者、久兵衛さんが、山の総合開発に取り組んでいた昭和初期は、世界的に不況の波が押し寄せていました。

昭和四年十月二十四日のニューヨーク株式暴落から始まった世界恐慌は、日本にも深刻な影響を与えました。当時の外貨獲得の主役であった生糸輸出の破たんを通じて国際収支を圧迫し、翌五年の米価暴落とあいまって農村を不況のどん底に追いやったのです。失業者は増大し、「大学は出たけれど」の就職難でした。これに追い討ちをかけるように、昭和九年、東北地方は大凶作に見舞われます。借金に悩む農民たちの中には娘を身売りしたり、夜逃げが続出しました。

山の開発は、大正十五年から昭和九年まで行われました。仙台で一、二を争うリッチマンとはいえ、この時期に、見返りが何も期待できない山へ巨費を投ずることへの迷いは当然あったはずです。経済状況はまったく悪い。が、先代の遺志を継いであくまでも予定通り完成させるべきか、あるいは景気回復まで工事を一時凍結すべきか。思いは振り子のように揺れたに違いありません。が、五代目は「予定通り続行」を決意します。

「紅久」株式会社に「社歴抜粋《ばっすい》」という小冊子が残っています。このうち、山を開発していたころの記述を紹介します。

昭和四年四月—同五年三月期

一、一般経済の萎縮沈滞はその極に達す。金解禁により、一般物価下落の一途をたどり、株式の暴落も相当なものなり。

二、遊園地の開設に着手し、ほぼ完了す。本春より家族的清遊の好適地として来遊者増加す。

昭和六年二月

一、味噌醤油営業資金十五万円を十万円とす。経済界の不況深刻、物価下がり、米価暴落、株式配当

昭和９年開校の向山尋常小学校。この土地は久兵衛さんが寄付した

の低減は極度なり。
昭和六年四月―同七年三月期
一、経済界の不況、行詰まりひどく、恐慌時代となった。生活必需品である味噌醤油でさえ購買力減退す。
二、八木山のつり橋架橋六年三月着工、同九月完成す。
三、株式の低落により、同期損失金十万六千六十九円。
昭和七年四月―同八年三月期
一、経済の恐慌時代は暗黒の時代となり、何人も前途の予測を許さず。
二、東電の減配影響するところ大なり。
昭和八年四月―同九年三月
一、経済界の更生が叫ばれて数年、なお回復の燭光見えず。
二、株式の減配多く収入莫大なり。
三、地価下落損失金二十万八千四百六十五円。
昭和九年四月―同十年三月期
一、経済界は引き続き不況及び冷害に見舞われる。
土地株式は大正十二年の創立当時の半額以下とな

り、損失莫大。資本金を二百万円から百万円に減らすことを決定す。

お読みになって分かるように、経済状態がいっこうに好転せず、本業の売り上げは減り、株価、地価、米価は下がる一方で、しかも凶作に見舞われました。「紅久株式会社」の経営は極度に悪化しています。味噌醤油醸造業の不振だけではありません。凶作がたたって四百町歩の小作地から上がる米の収穫も平年の三分の一にもなりません。そんななかで、久兵衛さんは、先代に約束した山の開発を全部終えて、そっくり県や市に寄付をしたのでした。もっとも身内の中には「不況で苦しいのに、貴重なお金を湯水のように使って、会社をこれ以上左前にする気か」という非難もありました。

久兵衛さんの苦境を示すような記録が仙台市に残っています。「社史抜粋」には出てきませんが、八木家が大正十二年「仙台市電が開業するときに使って下さい」と市に寄付を申し出た十五万円のうち、五万円は未納になっていました。寄付採納願いには「大正十四年までは全額完納する」と約束していた、あのお金です。昭和十一年五月、仙台市は、八木山の遊園地など十万坪（昭和九年寄付）を受け取る代わりに、未納の五万円は納入を免除することを決めています。金繰りに苦労していた八木家の状況が脳裏に浮かびます。

この施設は、昭和四年から五年にかけて、現在の仙台市八木山動物公園のところに造った野球場や遊園地、公園などのことで、いったん宮城県に寄付されました。しかし、県は財政難から運営ができなくなって八木家に返却、改めて市に寄付されたのです。

この交渉の中で行政側から財政難の話が出されると久兵衛さんは「それは大変でしょう。県と市にそれぞれ土地を寄付しますから、売るなり貸すなりしてお金を作り、管理費を捻出して下さい」と申し出ました。この土地は、現在の向山高校と仙台市向山小学校のところで、それぞれ一万坪ずつありました。しかし、県も市も土地は処分しませんでした。県は、昭和九年、この土地に宮城県女子専門学校、市も同年向山尋常小学校を誕生させたのでした。

宮城女専が移転、向山小が誕生した

東北唯一の女性の高等教育機関

東北でただひとつ、女性の高等教育機関として「女専」がありました。正確な名称は宮城県女子専門学校です。昭和九年、現在の向山高校の場所に新校舎を建てて移転して来てから、戦後、学制改革で新制東北大学と合併するまで十数年間、ここが学び舎になりました。この土地、約一万坪は、前項でも書いたように五代目久兵衛さんが、県に寄付したものです。

「六三制」の単線型教育の今と違って、戦前の学制は複線型と呼ばれ複雑な仕組みになっていました。小学校が義務教育の六年、その上の中学校が五年、高等女学校が四年、後に一年延長が認められます。高校、大学はともに三年でした。さらに、小学校卒業後の行き先として中学校、女学校だけではなく高等科があったり、国立の高等学校に当たるものとして私立大学に予科（三年）がありました。

「女専」は、高等女学校を卒業した人がさらに三年間学ぶところです。「宮城県百科事典」（河北新報社編）の女専の項目に、同窓生の鈴川ふみさんが「公立学校として創設されたのであるから、国体観念を養い、日本婦人らしい人格と才能ある女性を養成するのが趣旨であった」と書いています。

文部省は、大正九年、男子の高等学校にあたる女子の高等専門教育機関を高等女学校に併設する法令を作り、宮城女専のほかに、北海道、新潟、京都、福岡、それに当時わが国の領土だった台湾、朝鮮、樺太の八カ所でスタートします。

進学率の低かったころです。戦前の大学、高校、専門学校の学生総数は四万五千人と言われます。大学生が百万人以上いる現代からは想像も付かないでしょう。義務教育の小学校を卒業すると就職してしまう人が多かったころに、高等女学校卒業後、さらに上の学校に進む女性はごく少数でした。「女に高等教育は必要ない」という風潮の中で、勉学することは、ご本人はもちろん、家族の理解、それにも増して経済的な裏付けが必要でした。

新しい校舎屋上の展望台に並んで記念撮影

宮城女専の創立は、大正十年にさかのぼります。仙台市若林区連坊一丁目、宮城県第二高等女学校（現在の仙台二華高）の校舎の中に高等科が併設されました。同十四年、わずか三十九人の生徒で授業を始めます。うち二十五人は二高女の出身者でした。翌年、文部省から正式に女専の設立が認可されて、国文科二十七人、英文科十二人、予科四十人で入学式が行われました。昭和二年になると、家政科が増設されて家事科二十三人、裁縫専攻八人が入学してきます。

宮城女専史編集委員会が昭和六十年に作成した年表、資料で創立当時の学校生活をしのびましょう。

▽昭和二年九月、高等科三学年、東京、鎌倉、江ノ島方面修学旅行▽同三年十月、盛岡地方大演習のため天皇陛下行幸のさい、仙台で一泊され職員、生徒が南町で奉迎▽同四年五月、東京府立第一高等女学校文科生来校、当校三年生歓迎▽同七月、文科第一回卒業生に小学校本科正教員免許状を県から交付▽同九月、東北帝国大学法文学部土居光知教授が「ハムレットの劇について」講演。

昭和七年になると、新しい校舎を向山に建設する計画が急浮上します。

杜の都を見下ろす高台に白亜の校舎

向山に宮城県女子専門学校の新しい校舎が完成しました。緑の松林を背景に、鉄筋二階建ての校舎は光線の具合で白亜とも銀灰色とも見える優雅なたたずまいでした。高台にあるので、市内各所から遠望できました。「すばらしい姿で　女子高等教育の殿堂完成　宮城女専移転明日終わる」。河北新報の昭和九年十二月十八日の夕刊は、次のように報道しています。

「一時廃止されるかとまで危ぶまれていた宮城県女子専門学校は、工費十三万円（建設費十万円、地ならし一万円、寄付二万円）を投じて向山の新敷地一万余坪の土地にきれいな偉容を現した。校舎は大小四十八の教室からなり、国文、英文両科の研究科から、電気による洗濯物の仕上げ室、理容室もあり、寄宿舎は十畳間十室。眺めも杜の都を見下ろして絶好無二。これで学都仙台にまたひとつ大きな建物が増えた。校舎落成式は明春を期して行われる模様である」

この記事の中で、「一時廃止されるかとまで危ぶまれた女専」「寄付金二万円」という部分について、同校同窓会誌「白楊」第一号に宮沢佳吉さんが次のように書いています。

「昭和四年の夏、設計までして校舎新築が実現するかに見えたのに、その秋から吹き荒れた存廃風。ここ三年の忍苦は並大抵ではなかった。（中略）県の予算は十万円、後はわれらの努力次第であるという」。つまり、建設に要するお金のうち、十万円はめどが付いたが、残りの金は在校生、後援会、同窓生の手で集めなければ独立校舎の夢は実現できないことが分かったのです。

創立後、歴史が浅く、先輩もそう多くはいません。資金集めは苦労したことでしょう。校内には「催物部」が設けられて活動を開始しました。昭和七年九月、仙台座で「小唄と舞踊漫劇の会」、翌八年一月「花柳珠実、平井美奈子の舞踊大会」。新劇「土」公演もありました。「小唄と舞踊」を開くために、先生や生徒たちが東京へ交渉へ行き、仙台では会場の折衝です。在

気分も新たに、新しい教室での授業。壇上は岡崎義恵先生

校生がひとり三十枚の切符を、下校後暗くなるまで売り歩きました。その結果は昼夜とも満席の盛況で、収益はバザーと合わせて二千円を突破しました。

「愛校デー」と三角の布に文字を抜き、在校生や先生に買ってもらったり、古新聞、雑誌を持ち寄って袋張り、校友会主催のバザーをしました。涙ぐましい在校生の活動を聞いて、宮城県一高女同窓会から寄付の申し出があり、それに刺激されたのか、宮城県内の高等女学校から善意の寄付が相次いで寄せられたということです。

かくして、学校移転の計画が具体化し、昭和七年には宮城県学務課長が向山の校舎予定地を視察したり、三辺《さんべ》長治知事が訪れたりとあわただしい動きがあって、同年の十二月議会で校舎新築案が可決されたのです。校舎は、昭和二十年の米軍による空襲で一部焼失します。が、女専が東北大と合併後も国立仙台電波高校、同高専、向山高校と引き継がれ、昭和五十九年の解体まで当時の校舎が使用されました。

黒服の淑女たちは大根足だった？

一枚の古い写真を、宮城県女子専門学校卒業生の今井豊さんから見せてもらいました。長い歳月を経てセピア色に変色しています。それを基に、挿し絵担当の村上典夫さんにかいてもらいました。撮影は昭和十年一月。「にわかスキーヤーの編隊」と説明があります。今井さんは、八木山南三丁目にお住まいで、昭和九年四月から三年間女専に在籍しました。現在の仙台二華高にあった旧校舎に入学し、新校舎で学んだ草分けと言ってもいいでしょう。先日、青春時代をここで過ごしたいろいろの世代の八人の方をお招きして当時の学校の様子を聞きました。今井さんもそのひとりで、帰宅後アルバムを見ているうちに、当時の写真が出てきたとのことです。今井さんと、昭和十年四月入学した青葉区上杉一丁目の大泉静江さんの話を聞き、「宮城女専史」を読むと、女専が旧校舎から向山の新校舎に移ってきたころの状況がよく分かります。

昭和十年代の八木山は、今のような大きな住宅団地はなく、ほとんどが山林、あとは亜炭鉱、高台に野球場、遊園地、公園があるくらいです。施設としては、教護施設「修養学園」が現在の県中央児童館の場所に、昭和九年十月に向山尋常小学校が一足早く開校、同年十二月に女専が移転して来ます。

移転した翌年の昭和十年、女専に制服が制定されました。黒か紺、茶色の洋服と決まったのですが、セーラー服に加工して着る人が多かったそうです。二年後、黒のスーツに統一、白のブラウス、ブルーのネクタイ、黒靴下に変更になりました。「セーラー服がスーツになって、大人になったような気分でした。胸には、白地に紫の花、緑の葉の萩をあしらい、中央に『女専』の銀文字をデザインした銀台七宝焼のバッジを付け、内心誇らしく通学しました」と二人は話しています。生徒たちには東北、北海道にある女性の最高学府というプライドがありました。

毎日の学習、課題、試験と学生生活につき物の厳しさは、ここも例外ではありません。だが、学園の周り

校庭も道路も格好のスキー場だった

にある自然の豊かさに心がいやされたようです。六月の最盛期には、各クラスが学校近くにあったイチゴ園でクラス会。白い皿に山盛りのイチゴ、たっぷり白砂糖と牛乳をかけて食べるのです。

学校の南側は松林で、その向こうの細い道を行くと小さな沼がありました。生徒たちは「乙女の湖」と呼んで、放課後、親しい友達との語らい、美声を張り上げてシューベルトを歌ったり、ハーモニカを吹いたり、切り株に腰をかけて読書する人もいました（この沼が今もあるかどうか、女専同窓生にうかがいましたが場所がはっきりしません）。

遠方から入学した生徒のための寮が建てられました。二階建て十室の「松韻寮」と、後でできた分室の平屋建て十室の「紫芳寮」です。赤みがかったクリーム色のレンガで縁どった寮の外観はまるで高原のサナトリウムのようで、通学生のあこがれの的だったそうです。当時評判の小説、堀辰雄「風たちぬ」の連想だったのかもしれません。

寮生活からは、親しい友人ができました。生まれも家庭もまちまちの寮生たちは、ときに反発はあったもののの、次第に打ち解けてきました。冬の夜、火鉢を囲んで、ふるさとの親から送られてきた干し柿や、まめ、もちなどを持ち寄ってよく語り合ったものだそうです。夜六時から九時までは黙学の時間で、だれと話すことも禁止されており、きょうの授業のノート整理、あすの予習、宿題、リポートの執筆などに精を出しました。家庭科では、提出する作品の仕上げもありました。

「壁ごしに　かそけく書《ふみ》をめくる音し
　時計のきざみ　しげき夜かな」
「はや時計　二時に間近し　さえざえと
　高らにひびく鶏の遠声」

寮生たちの雑誌「紫苑28号」にこんな短歌が掲載されています。

学校周辺にはほとんど人家がなく、バスも通っていませんでした。今でこそ仙台市営バス、宮城交通のバスが仙台駅方向と絶え間なく往復していますが、昭和十年代に、バスは山には上らず、向山を循環する路線が一日に何本かあるだけでした。

遅刻しそうになると、数人でタクシーに乗って駆け付ける人もいました。これは少数派です。バスを利用できない地域の人は往復歩きました。片道一時間半という人もいたそうです。学校の下にある向山からは坂道になります。冬の寒い日、雪が積もって大勢の足で踏み固めた坂の上り下りは難儀を極めました。夏は汗ばみます。着替えの服を持参する人、学校に着くと調理実習室に飛び込んで砂糖水を作ってのどを潤す生徒もいました。

先日集まっていただいたOGたちは声をそろえてこうおっしゃいます。「私たち、足には自信があったのよ。あの坂を毎日徒歩で、往復していたんですから。世間様からは、女専の生徒は〝大根足〟っていわれましたが」。

今井さん提供のスキーの写真は学校近くで撮影したものです。現在の向山高校前の坂道は冬の間、絶好のスキー場になりました。家もほとんどなく、観光客も冬場は山に上ってきません。八木山の「文化住宅」の子供たちも、この坂を手製のそりに乗って八木山入り口まで一気に滑り下りました。六十数年前、今、車の洪水となっている坂道で、女専のおねえさんと、子供たちが道路いっぱい占領して雪を楽しんでいたのですね。

陳情実って山の上に小学校ができた

宮城県女子専門学校の隣に昭和九年十月一日、仙台市立向山尋常小学校（向山小学校の前身）が開校しました。女専が旧校舎から引っ越して来るのが、この二カ月半後です。向山の丘陵に相次いで二つの学校が誕生したことになります。

学校ができる前、子供たちは荒町小や片平丁小に通っていました。木橋だった愛宕橋、霊屋橋を渡っての通学なので、大雨が降ると学校を休まなければなりません。市への陳情が実っての開校です。大多数の学区民は「近くに学校ができてよかった」と歓迎しましたが、「山の上の学校へ、道の悪い坂道を登って通学させるなんて」と反対もありました。当時は舗装している道路はごく一部しかありませんでした。

建設に先立って校地の整備です。松やカエデの林があり、南は谷になっています。樹木は伐採、谷は埋め立てました。しかし校庭にはところどころに大きな松、カエデが残っていました。今では学校のシンボル、五本松が見られるくらいです。開校当時の校地には約六十本の木が見られます。校地の広さは四千百六十三坪で、現在のほぼ半分の面積です。ここに、赤い屋根の木造二階建ての校舎を造りました。普通教室十二のほかに、唱歌、理科、手工の三特別教室、応接室兼校長室、職員室、医務室がありました。

十月一日、開校式が挙行されました。校庭に整列した荒町からの二百六十三人、片平丁から来た二百四十九人、長町などからの十四人、合計五百二十六人の子供たちを前に、野崎健造校長は「皆さん、仲良く勉強して下さい。先生たちはこの学校をうんと良い学校にするために、しっかりやろうと心に決めています。皆さんも毎日坂を登るのは大変ですが、それに負けずに頑張って下さい」とあいさつしました。式が終わると紅白のあんこもちが子供たちに配られました。

向山小と言えば開校の翌年から夏の間行われた「林間学校」が知られています。市内の小学校の四年生以上の希望者が集まって十二日間、体を鍛えたり自然の

「体をきたえよう」「自然に親しもう」と毎年、向山小で林間学校が開かれた

中で遊んだり、勉強して暮らすのです。この催しは戦争が終わってから八年後の昭和二十八年まで続けられました。

ある年の様子が、向山小学校社会科研究会編集の「向山付近の地誌概要」に載っています。この年市内の各小学校から集まったのは男女合計二百八十人です。男は「カモメ」「ハト」など鳥の名前の四クラス、女は「ハギ」「ユリ」などこれも四クラスに分けられました。お互い知らない子供たちです。初めはもじもじしていましたが、先生の話を聞いているうちに仲良しになっていきます。

一日は朝七時の国旗掲揚から始まり、八時半から十時までは自習、午後零時半から二時半までは昼寝の時間になっています。その後、おやつを食べ、散歩、遊戯、林の中での休憩などがあり、午後六時半清掃をして帰宅です。このほかにも、森のお話会、歌の集い、昆虫、植物採集、森の子供会という運動会や、八木山への遠足がありました。林の中には臨時の私設郵便局も開設され、子供たちは手紙やはがきを通じていろいろな学校の子供たちと知り合いになりました。

そのころ日本は戦争をしていた

子供たちは兵士を見送り英霊を迎えた

宮城女専と向山尋常小学校が、新生の喜びにひたっているころ、日本は、だんだんと暗い時代に入っていました。今回は、当時の時代潮流に力点を置いて話します。非常時、国家総動員の名のもとに、一人ひとりが、戦争の枠組みに組み込まれていった時期です。

昭和六年、満州（中国東北部）奉天近くの鉄道爆破事件をきっかけに日本軍と中国軍が交戦、「満州事変」が勃発しました。中国の訴えで、国際連盟が調査した結果、「日本の自衛行動には当たらない」と結論を出します。翌七年、日本は満州国を建国。国際連盟は、この問題を取り上げますが、圧倒的多数で日本は支持されず、国際連盟を脱退してしまいます。昭和十二年になると、北京郊外の盧溝橋で、日本軍と中国軍が衝突し、これがきっかけとなって北京、上海で戦争が始まります。日本はたくさんの軍隊を中国に送ります。軍事力にもすぐれていたので中国の都市を次々に落としていきました。

激動の時代は、戦地から遠く離れた、仙台の学校にも敏感に反映しました。

宮城県女子専門学校では「満州事変」のころから思想関係の規制が年々厳しくなり、昭和十一年になると図書館から社会科学、思想関係の書籍が次第に姿を消して行くようになります。

学内では、スカート丈は床上三十センチ、髪は結び目から五センチと定められ、月曜日の朝礼のとき、先生が物差しを持参して検査しました。開校記念日に数人で無断早退したことが判明、父兄が呼び出されたり、生徒は天皇陛下のご真影に最敬礼して許された、などの記述が「宮城女専史」に見られます。

昭和十二年十二月、日本軍は中国の首都南京を、翌年五月には徐州を占領しました。仙台では、徐州占領を祝う提灯行列が五月二十一日行われ、宮城県女子専門学校を始め、大学、高校、男子中学校、在郷軍人、自衛団など約五万人が五班に分かれて市内を行進しました。これに先立って、昼間は西公園で祝賀の会が開かれました。こちらには向山小の五、六年生など各学校の小学生が、日の丸の旗を手にかざして「万歳、万歳」と言いながら元気に歩きました。道路の両側には大勢の見物人がいて、時々大きな拍手を送ってくれました。このように、子供たちは、戦争と直接かかわりあうようになります。同校の当時の記録を見ると、それがよく分かります。

「昭和十二年四月六日、六年男子代表、歩兵第四連隊壮行会に出席。四月十一日、五、六年生と先生方が第二師団満州派遣軍を送る。四月十八日、軍隊見送り。七月十九、二十日の両日も出征兵士壮行会。十月二十二日、壮行会参加」

これは主なものだけです。戦線に向かう軍隊が増える一方で、戦死、戦病死する兵隊さんも増えました。亡くなった兵隊さんの遺骨は、白い布で包んだ小さい木箱になって自宅に帰ってきました。仙台でも遺骨を迎える機会が増えてきました。

これも、そのころの向山小の記録です。

「昭和十二年十一月一日、校長、仙台駅に遺骨出迎え。十二月二十一日同。翌二十二日、四年生以上遺骨出迎え。十二月二十四日、六年生同。昭和十三年二月十九日同。四月二十八日同。五月十五日、五、六年生女子出迎え」

戦地で戦っている兵隊さんに慰問文や慰問袋を送る仕事もありました。「兵隊さんお元気ですか」と子供たちは、たくさんの慰問文を書きました。仙台には陸軍病院があったので、子供たちがお見舞いに行ったり、中国に出征している家を訪問して留守家族を慰めることも行われました。宮城女専でも生徒たちが、色紙、短冊などを持って慰問に行きました。

昭和十五年は、日本の建国二千六百年ということで国内は慶祝一色になりました。仙台でも十月十日、川内の陸軍追廻練兵場で記念式典が挙行され、女専の全生徒三百七十人が参加しました。併せて全国の生徒、学生から募集した懸賞論文の第一等に国文科三年三宅奈緒子さんの「新東亜建設と我等日本女性」が選ばれました。

寒い朝 とうとう戦争が始まった

寒い冬の朝でした。昭和十六年十二月八日、ハワイの真珠湾奇襲で太平洋戦争が始まりました。日本が米国、英国、オランダなど西欧列強を相手にした戦争は、三年八カ月続き、日本は徹底的に破壊されます。

この朝、宮城女専では全生徒が体操場に集められました。三矢校長は「日本にとって未曾有の難局であることをきもに銘じ、八紘一宇の理想実現のために一億一心となり、滅私奉公の誠を尽くしながら国土防衛、防諜、銃後奉公に務め、宮城女専の団結を固いものにしてほしい」と訓示しました。(「宮城女専史」から)

隣の向山国民学校では、先生方はいつもより早めに出勤してきました。職員室全体が普段とは違った空気に包まれ「とうとうやったぞ」と声高に話し合う先生もいます。やがて朝会が開かれ、校長先生が壇の上に立ちました。皆の顔を見渡しながら「皆さん、日本はとうとう米国と戦争に入りました。日本は大東亜共栄圏のために立ち上がったのです。皆さんも早く大きくなって、お国のため、立派な人になるように体を鍛え、勉強するのですよ」と大きな声で言いました。(新関昌利著「親が子に語り伝えるわたしたちの向山」から)

昭和十年代は、日本にとって戦乱に明け暮れていたときでした。昭和六年の「満州事変」、同十二年七月、北京郊外の盧溝橋に響いたなぞの銃声が発端となって、「日中戦争」から「太平洋戦争」へ。欧州列強がアジアでの市場の権益を守ろうとして、新規参入を狙う日本と衝突したのです。米国、英国、オランダは日本との通商条約を破棄し、日本の在外資産を凍結して石油などの重要物質を日本に輸出することを禁止します。これがきっかけで、日本は米英諸国に宣戦を布告、大戦争へ発展しました。

欧州でも、戦争が続いていました。昭和十四年九月、ドイツは英国、フランスに宣戦を布告、同十六年になるとソ連(現在のロシア)とも戦争を始めます。日本はドイツ、イタリアと「三国同盟」を結び、手を握りました。世界の多くの国が戦争に参加しました。

これに先立って、政府は国家総動員体制を取りました。戦争に向けて、国民が協力するように仕組んだのです。隣組制度ができて、空襲に備えて防空演習が開始されました。物資も少しずつ足りなくなってきて、米、木炭、味噌、醤油、酒、塩、衣料品など様々な日用品が配給制になりました。

それは、教育の現場でも同じことです。昭和十六年の新学期から、小学校は国民学校と改称されました。「向山尋常小学校」は「向山国民学校」になりました。義務教育は従来、小学校の六年間でした。それに高等科を加えて八年制になりました。兵隊さんの資質向上という軍事的な観点から、義務教育延長が強く主張されたのです。

シンガポール陥落を祝って小学生にゴムマリが配られた

開戦当初、日本軍は破竹の勢いで東南アジアにある欧米の植民地を次々占領しました。昭和十七年二月、英国の植民地で極東最大の軍事基地になっていたシンガポールの陥落です。政府は、各家庭に特別に三合のお酒を配給し、子供たちにはゴムまりを配って陥落を祝いました。ゴムまりは四年前から店で姿を消しゴム製品のズックや長靴は配給制になっていました。向山国民学校では、先生がクラスでこう説明しました。「日本の兵隊さんはとっても強いです。米英と戦争を始めてからたった二カ月でシンガポールを占領してしまいました。マレー半島はゴムの産地ですね。だから勝ったお祝いに、ゴムで作ったボールを配給してくれました。そのかわり皆さんはお父さんやお兄さんが出征している子供たちを助けて、しっかり銃後を守って下さい」。

日本の勝利もここまででした。同年六月、太平洋の真ん中にあるミッドウエー島沖の海戦で、日本は多くの航空母艦を撃沈され、たくさんの航空機を失います。八月になると米軍は、日本が占領していた南太平洋のガダルカナル島に上陸、守備する日本軍と死闘を繰返しました。結局、制空権、制海権をとられた日本は大敗します。この作戦の主力は、宮城、福島、新潟各県出身者でした。激しい敵の攻撃、飢えと疲労、マラリヤ病などで次々倒れて行きました。向山国民学校で教鞭をとっていた松村先生がこの戦いに参加、昭和十八年一月四日戦死しています。同島では、宮城県出身者だけで三千人以上の人々が亡くなりました。

昭和十八年五月、アリューシャン列島アッツ島を占領していた日本軍が米軍の攻撃で全滅、十月には大学生も銃を取って戦争に参加することになりました。十二月には、小学生の疎開が政府から発表されました。敵に攻撃されないように、大都市から田舎に学校ぐるみ、あるいは家族で避難するように誘導したのです。

戦局急迫は、隣の宮城女専でもひしひしと感じていました。戦後、同校史編集委員会で作った「学校史年表」の昭和十七年の項には、「修学旅行が廃止された」「勤労奉仕の農作業が増えている」「授業を中止して出征兵士の見送り」「スカートにかわりモンペ、ズボンの着用」「追廻練兵場で射撃訓練」。翌十八年になると、「陸軍病院のシーツ、白衣の修理奉仕」「出征兵士の留守宅で農作業の手伝い」「勤労作業として田植え」「防空訓練、空襲避難訓練」「手りゅう弾の投げ方の訓練を受ける」―などの記述が見られるようになります。まさに戦時一色です。

授業中断　防空濠に飛び込んだ

南太平洋の島伝いに反撃してきた米軍は、昭和十九年六月、サイパン島に上陸、守備していた日本軍と戦闘の末、占領します。日本軍はこの島でも玉砕し、数多くの民間人が犠牲になりました。九月、マリアナ沖海戦で日本の海軍は空母や航空機の大半を失ってしまいます。十月にはフィリピンのレイテ島にも米軍が上陸、十一月になると日本から奪ったマリアナの飛行場からＢ29が飛んで来て東京を空襲するようになりました。

そのころ、向山国民学校や宮城女専には陸軍の部隊が駐留していました。米軍の本土上陸に備えて八木山に防衛の陣地を構築していました。

向山国民学校では、空襲のとき隠れるための防空壕作りが始まりました。場所は校庭南側の松林に沿って七、八カ所です。校庭はすでに半分以上が給食用の野菜畑となっていました。まず穴を掘ります。太い材木を横に組んで、その上に土をかぶせ、出入り口は横に二カ所開けておきました。五、六年生の児童たち、地区の人たち、先生方が毎日のように出て作業しました。ひとつの防空壕には児童なら十人から二十人は入ることができました。さらに松林の中にも何カ所か防空壕が掘られました。空襲になれば、児童とともに、駐留していた兵隊さんも使うことになっていました。

当時、一年生だった人が防空避難訓練の思い出を「親から子に伝える学校の歴史」の中でこう語っています。

「授業中に急にベルが鳴ると避難訓練です。何をしていてもすべてストップします。机の下に椅子をきちんと入れて机のわきに立つと、部屋の隅から順番に廊下に出ます。押し合わないように、片手で別の腕をつかみ前に挙げて、小走りに校庭へと急ぎます。校庭では式台の上で教頭先生がストップウオッチを手に皆の様子を見ています。整列し終わったころ、のこのこ昇降口から出て来た人がいました。教頭先生は『おまえ、もう焼け死んでいるぞ』と大声でしかりました。

（中略）防空壕の中では四本指を目に、親指を耳に押し当ててうつむけになって寝転ぶのです」

こんな文章を読むと、年配の方ならずとも戦争当時の銃後の様子が脳裏に浮かんできますね。

お隣の宮城女専では、ご自慢の白亜の鉄筋二階建て校舎に、墨を塗りつけられてしまいました。敵の空襲の目から避けるためです。当時の仙台市役所も真っ白い建物でしたが、戦争が終わってもしばらくの間、墨色のままであったのを覚えています。

上級生の児童、先生、町内会の人たちも入って防空壕掘り

ここでも、校庭は野菜園に、防空壕も掘られていました。初めて校庭に野菜を植えたのは昭和十六年五月で、百坪の校庭をツルハシで掘り起こした後、先生と生徒で農園に変えて行きました。職員園は三区画。学級園が十三区画、サツマイモ、トマト、ナス、アズキ、ゴマ、カボチャが植えられていました。肥料は鶏糞十四俵と落ち葉、木炭が使われました。

秋には、毎年クラスごとにサツマイモの収穫を競う催しが開かれました。全収穫量が十五貫五百匁といいますから、約五十五キロでした。昭和十八年に政府の「食糧増産応急対策要綱」が決定され、より一層の増産が求められました。畑は主食となるサツマイモ一色になって、最後はそのツルまでも食べるようになりました。

入学試験制度が変わって、これまでの推薦入学から、全員試験による選抜方法になりました。試験科目は国語、数学、作文の三つに体操、口頭試問が加わります。作文のテーマは「出征兵士に贈る慰問文」口頭試問の内容は「大政翼賛について」「八紘一宇とは」「滅私奉公とは」と、いずれも時代を反映したものばかりでした。

女専では、すでに「報国団」という組織が結成されていました。「世界的な大動乱の渦中に、世界新秩序の指導的役割を遂行するために、国民あげて大事業に集中する。どのような事態が発生しても、迅速果敢、有効適切に対処できるよう体制を整える」というのが設立の趣旨でした。

「報国団」は、防空、防諜、救急看護などの非常訓練、慰問、献金、奉仕などの奉仕事業、神社参拝、勤労作業、園芸などに分かれていました。この組織のために、職員は一カ月分の給料の二百分の一、生徒は一年に十一円を三期に分けて納入しました。

その後、「報国団」は「報国隊」と名称を変えます。校内の行事や儀式は、すべて、練成の場所です。皇室の崇拝、神社参拝が至上のものになりました。昭和十九年には女専の生徒が、宮城野原練兵場で閲兵式に参加するまでにエスカレートして行きます。

「報国隊」の仕事のひとつに勤労奉仕がありました。今でいうボランティア活動です。最初は、登校道路の整備、学校のシンボル「ハギ」の枝刈りなどでした。戦争が激しくなると、ここでも防空壕掘り、川内の兵器廠に通って鉄砲みがき、馬具の手入れなどの作業も加わりました。

家事科の生徒は、中田方面の出征兵士の留守宅を訪ね、農作業の手伝いとしてたんぼの草取り、畑仕事をしました。目で見ているほど楽な仕事ではありません。水田に尻もちをついてしまう人、ヒルに吸いつかれて大声を出す人など、ハプニングが続出しました。

それでも、昼食やおやつに農家の心づくしのお弁当や団子が出されてほっとしたものでした。

学業そっちのけ　飛行機の部品づくり

米軍の日本本土包囲網がますます狭められてきた昭和十九年三月、文部省は「非常措置要綱」に基づき学生、生徒を勤労に動員する通達を出しました。戦争を続けるためには、まだ童顔の抜け切らない中学生や、女子専門学校の生徒の手まで必要としたのです。

女専に緊急動員令がくだったのは、それから随分経ったこの年十二月です。行き先は中島飛行機宇都宮製作所と仙台にあった第二師団司令部の倉庫の二カ所です。学校では、卒業間近の三年生を除いて全員動員することにしました。宇都宮へは一年生百四十九人、二年生百十人の合計二百五十九人、健康状態から行けない七十人は残留部隊として第二師団への勤労奉仕に回しました。

昭和二十年一月九日朝早く、仙台駅に集まった生徒たちは、家族や仙台に残る学友に見送られて列車に乗り込みました。

「修学旅行はもう無い時代でしたが、車内はまるで旅行に行くような気分で、学業を捨てて勤労奉仕に行くのだという悲壮感はありませんでした」と、当時の一年生が「宮城女専史」に書いています。

昼過ぎに宇都宮到着。会社の人の案内で徒歩四十分。着いたところは麦畑の中に新しく建てたばかりのバラック風木造二階建て十棟でした。このうちの三棟が宿舎です。夕方、さっそく布団袋をほどき、柳こうりの中から身の回りの品を出し、着替えを整理して一日が終わりました。学校の寄宿舎にいる人たちは手際よくやります。家から通学している人は初めての体験です。

一年生は工場に配属されて飛行機の材料の切断、プレス、部品の組み立て、検査など。二年生は事務系統でテストパイロットの飛行記録の整理、飛行機の図面のトレースや材料調べ、伝票書きなどの仕事をあてがわれました。

「配属された工場は向こうの端の人間がかすむくらい広いところで、油のにおい、轟音に驚いた。よく見ると、格納庫のような工場がいくつもあり、その真ん中にレールがあって台車に部品を乗せて運んでいた」

「私の職場はジュラルミンの板を飛行機の部品のかたちに切断するところだった。四十歳くらいの人が班長で、この人が千枚通しのような先のとがったもので描いたかたちを、大きなはさみで切るのだが、簡単にはできない。手に豆ができて血がにじんできた。私のほかに、宇都宮中学の生徒ふたり、ほかに少年工が二、三人いた。工場には時々憲兵が見回りにやってきた。なれない仕事で成績は上がらなかったに違いないが、皆とても親切だった」（いずれも「宮城女専史」から）

　この年の三月、東京大空襲後、日本各地の都市も相次いで米軍の爆撃を受けるようになります。軍需工場は特に攻撃目標になりました。中島飛行機も、新しい工場を宇都宮郊外にある大谷の石切り場跡に決めました。ここに地下濠を作って機械を持ち込みました。女専の生徒たちは、寮から東武電車で大谷の工場へ通ったそうです。当時、ここには仙台や米沢の専門学校、栃木の師範学校のほか地元の中学生がたくさん来ていました。

勤労動員で宇都宮に行った女専１、２年生は飛行機の部品づくりに励んだ

礎を築いた人はひっそりと逝った

戦時下、八木山の所有者「八木家」は、どんな暮らしをしていたのでしょうか。どの家も戦争の影から逃がれられなかったように、八木家の経営する紅久株式会社も例外ではありませんでした。

まず訃報からお知らせしなければなりません。四代目の遺志を継いで、八木山の総合開発に心血を注いだ五代目久兵衛さんは、昭和十五年秋、日本国中が「紀元は二千六百年」と祝いに酔いしれていたころ、亡くなりました。戒名は「報天院拓譽越世翁居士」です。昭和十五年十一月二十一日付の河北新報夕刊に、次のような訃報が載っています。

「仙台市の素封家八木久兵衛氏は、九月以来腎盂炎《じんうえん》のため田町の別邸で静養中であったが、数日前から肺炎を併発重体に陥り主治医中目、加藤両博士の治療も甲斐なく嗣子久三九氏ら家族に見取られながら二十一日午前二時逝去した。七十四歳」

この後に、久兵衛さんの足跡が続きます。「氏は、元貴族院議員久兵衛氏の後を受けて紅久の家業を継ぎ社長に就任、大正十三年仙台藩士の共有物たりし奥向山が荒廃のまま放置してあるのを惜しみ、これを一手に買収、巨財を投じてグラウンド、道路、橋を設けて開発、市民の遊園地に提供、八木山として知られ、昭和十三年そのうちの遊園地、道路、橋等の六万坪を市に寄付した。一面敬神の念厚く桜岡神宮の計画や塩竈神社にも多くの造営費を納め、そのほか女専の敷地一万坪を県に寄付している」。

また、こんな言葉も見受けられます。「氏は寡黙の人で、表面に出ることを好まず、氏を知る人はいたって少ないが、仙台の名所八木山を作ったことは有名である」。

そういえば、訃報の載った新聞を見ながら、思わず笑ってしまいました。亡くなった日の夕刊に載っていた久兵衛さんの顔写真はなんと、四代目のもので、翌日訂正とともに本物が載るという状況です。シャイな五代目の面目躍如たるものがあります。「宮城県百科事典」（河北新報社発行）の人名欄にも、四代目は紹

五代目久兵衛さんの死去を報じた河北新報。四代目があまりに強烈な印象のあった人だったためか、四代目の写真を使ってしまい（下）翌日、訂正している。

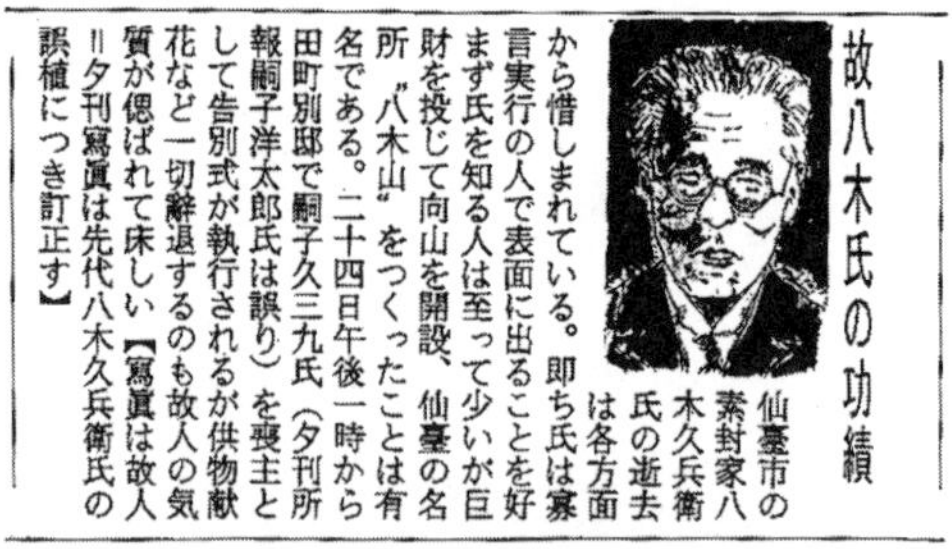

故八木氏の功績

仙臺市の素封家八木久兵衛氏の逝去は各方面から惜しまれている。即ち氏は寡言実行の人で表面に出ることを好まず氏を知る人は至って少いが巨財を投じて向山を開設、仙臺の名所〝八木山〟をつくったことは有名である。二十四日午後一時から田町別邸で嗣子久三九氏（夕刊所報嗣子洋太郎氏は誤り）を喪主として告別式が執行されるが供物献花など一切辭退するのも故人の氣質が偲ばれて床しい【寫眞は故人＝夕刊寫眞は先代八木久兵衛氏の誤植につき訂正す】

5代目久兵衛さんの死去を報じた新聞

八木久兵衛氏

【仙臺】仙臺市の素封家八木久兵衛氏は九月末以来腎盂炎のため田町の別邸で静養中であったが数日前から肺炎を併発重体に陥り主治医中目、加藤両博士の治療も甲斐なく嗣子洋太郎氏その他多数家族に見護られながら二十一日午前二時逝去した。享年七十四歳

氏は元代貴族院議員久兵衛氏の後をうけて〝紅久〟の家業を継ぎ紅久株式会社の社長に就任、大正十三年伊達藩の共有地たりし奥向山を荒廃のまゝに放置してあるのを惜しみ、これを一手に買収。グランド、道路、橋梁を設けて開発、市民の遊園地に提供〝八木山〟として知られ、

顔写真に4代目が使われていた

介されながら、五代目は載っていません。温厚、物静か、孤独を愛し、山好きな五代目は、計画、資金の手当をしてくれた四代目の遺志を継いで山の開発を確実に実行した人でした。昭和初期の不況下、強い意思と信念を持って計画を進めたからこそ、八木山の基礎ができたとも言えます。

八木家が五代目久兵衛さんの「死亡広告」を出しています。「表面に出ることを好まなかった」久兵衛さんも、広告を見ると七十七銀行や仙台瓦斯の監査役、仙台塩販売捌会社の取締役、共立商事の相談役をしていたことが分かります。

戦時下は、国民すべてが戦争に協力する体制を取らされ、主要な物資は配給制になりました。「紅久」で製造していた味噌醤油ももちろん、この枠に組み入れられます。これら、諸々の問題を背負って行く六代目には、五代目の次男である久三九さんが襲名しました。創業以来、久兵衛を名乗って六人目の当主が誕生したのです。余談ながら久兵衛の襲名はここで終わります。昭和五十年代に、味噌醤油醸造業を廃業するのを機会に、七代目以降の襲名制度を廃止したのです。

邸宅も庭園もお国に接収された

八木家の「紅久」では戦争が始まるまで、大町で化粧品、小間物の販売、髪油の製造販売、田町では味噌醤油製造販売をやっていました。戦争の影響で、髪油は製造を中止し、味噌醤油は配給制になります。

大町の、現在の日銀仙台支店の場所にあった「紅久」は、平屋立て間口四間の店舗を構え、婦人用の化粧品、かんざしなどの小間物を売っていました。裏の工場では髪油「紅久油」を作っていました。

「紅久油」の自慢は、天火ざらしでした。原料のツバキ、ゴマ、ナタネなど半分製品化されたものを買い求めて、日光を当てて乾燥し、機械で絞って香料を加えるのです。香料がフランス製だったので、戦時下に輸入が途絶えて製造不可能になりました。髪油とは、油を頭髪につけて色艶を良くし、髪型を整えるものと辞書にあります。若い女性たちに知っているかどうか聞いたら「ムースのことかしら」「ディップのことじゃないの」とにぎやかです。結局どんなものか理解できませんでした。

戦時中の風潮として、「ぜいたくは敵だ」の標語が雄弁に語っているように、国民は、防空頭巾にモンペ姿の耐乏生活を強いられました。「ほしがりません勝つまでは」と、我慢をしてきました。紅久で扱っていた商品は、女性を美しくするための商品です。当時は、遠慮しながら使わなければならないようなムードでした。従って昭和十七年、店を閉めることにしました。

一方、田町の味噌醤油部門は、物価統制令で味噌、醤油が配給制になります。原料の米、塩などが割り当てられ、作ったものを勝手に販売することはできなくなったのです。五代目の長女光さんの夫、喜佐久さん(故人)がこちらの部門を担当していました。次男で同社専務取締役八木邦夫さん(六十四歳)は「当時は、第二師団にも納入しており、割り当てても配慮してもらっていたはずです。業界では、どうしたら味噌醤油の量を増やせるかが重要課題でした。仕方がないから味噌にサツマイモを大量に入れて量を増やしたみたいです。配給の日、店の前は長い行列ができました。自由販売のころにはない光景です。店員が急に威張り出して、こっちに並べなどと言ったと評判が悪く、戦争が終わってから、あのときはひどかったねと言われました」。

田町の工場隣にあった広さ約三千坪の邸宅、庭園は国立仙台高等工業学校（現在の東北大工学部）と地続きになっていました。戦争最中の昭和十七年「今度、航空学科を新設することになったので、敷地として提供してほしい」と要請がありました。戦時下の、しかも国の要請です。有無をいわさぬ強制力がありました。

前にも紹介したように、自慢の庭園でした。邸宅と接続して十二畳、十畳、天井、廊下など総埋もれ木の家があり、その前は広い庭園です。イチョウ、クリ、桜などたくさんの古木の中に、三百坪の「心」という字を配した池、濡れ鷺形の灯籠、五重の灯籠、庭石がありました。池に小舟が浮かんでおり、回りは樹木に満ちあふれていました。

紅久専務の八木邦夫さんは、小さいころ大庭園の隣に住んでいて、解体作業のことをよく覚えていました。

「大勢の労働者が出て、まず値打ち物の埋もれ木造りの建物を解体しました。松島瑞巌寺に寄付することが決まっていたので、そっくり運ばれました。古木や灯籠は親族の家か公共施設に寄付しました。東北大金属材料研究所の玄関わきにあるモミジはこの庭園にあったものです。それ以外のものは惜しげもなく切り倒され、池は埋め立てられました」。

松島に寄付した総埋もれ木の建物は、今も見ることができます。瑞巌寺の本堂奥の一段と高くなった場所に丁寧に保存してあります。先日特別に見学させてもらいました。そろそろ百年は経つというのに保存がいいのか、古くは感じません。十二畳の部屋には当時としては珍しいシャンデリアがさん然と輝き、天井、廊下などは埋もれ木の一枚板で作られているのを確認しました。

仙台高等工業学校が八木家から買収した土地に航空学科は開設されず、庭園の場所は、東北大のテニスコートになっています。

（注）当時の邸宅、庭園の写真は、22ページにあります。

ザー、ザザーと焼夷弾が落ちてきた

昭和二十年になると日本全国が、敵の空襲を受けるようになります。太平洋のマリアナ諸島から飛び立ったB29は編隊を組んで爆弾や焼夷弾を落とし、日本近海まで来ていた米国の空母からは、グラマン戦闘機が飛来し機銃掃射を浴びせました。

仙台が、百二十三機のB29によって無差別攻撃を受けたのは、昭和二十年七月十日未明のことでした。時間は午前零時三分から二時五分まで、仙台の中心部を二十五回にわたって波状攻撃、九一一・三トンの焼夷弾などを投下したのです。大型ダンプの積載量にするとざっと百台分。本数にして一万二千九百六十二発のナパーム入り焼夷弾、ガソリン弾、集束爆弾、焼夷弾が「火攻め」に使われました。

戦災一年後、市がまとめた被災状況によると、この空襲で全戸数の四割に当たる一万一千九百三十三戸が焼失、五万七千人が家を失いました。死者は九百一人、実際は一千人を超すと言われています。

仙台空襲については、いろいろの資料があります。ここでは、昭和五十二年、米軍の資料が公開された直後、ワシントンの国立公文書館で取材した河北新報社の後藤成文記者（当時）の話を中心にまとめます。

仙台を空襲した米軍第五八爆撃飛行隊は「超空の要塞」と言われたB29爆撃機を持ち、日本各地の爆撃に出撃していました。東北地方では仙台のほかに、青森、郡山、秋田の空襲にも行っています。

公文書館には、同司令部から国防総省に報告した資料が〝極秘〟扱いで残っています。「任務番号257、出撃部隊第五八爆撃飛行隊、攻撃目標仙台都市地域」とあります。

「仙台は工業面ではそれほどの重要性はないが、爆撃による心理面の効果は大きい」と攻撃前の作戦任務詳報にあります。攻撃後に提出した報告書には「焼夷弾攻撃の目標として選ぶとしたら、仙台は東京以北で最上の都市であった。駅を中心に人口が固まっている。二、三の広い通りを除き、防火に有効な公園、広場がない。家屋は木と紙でできている」と述べています。

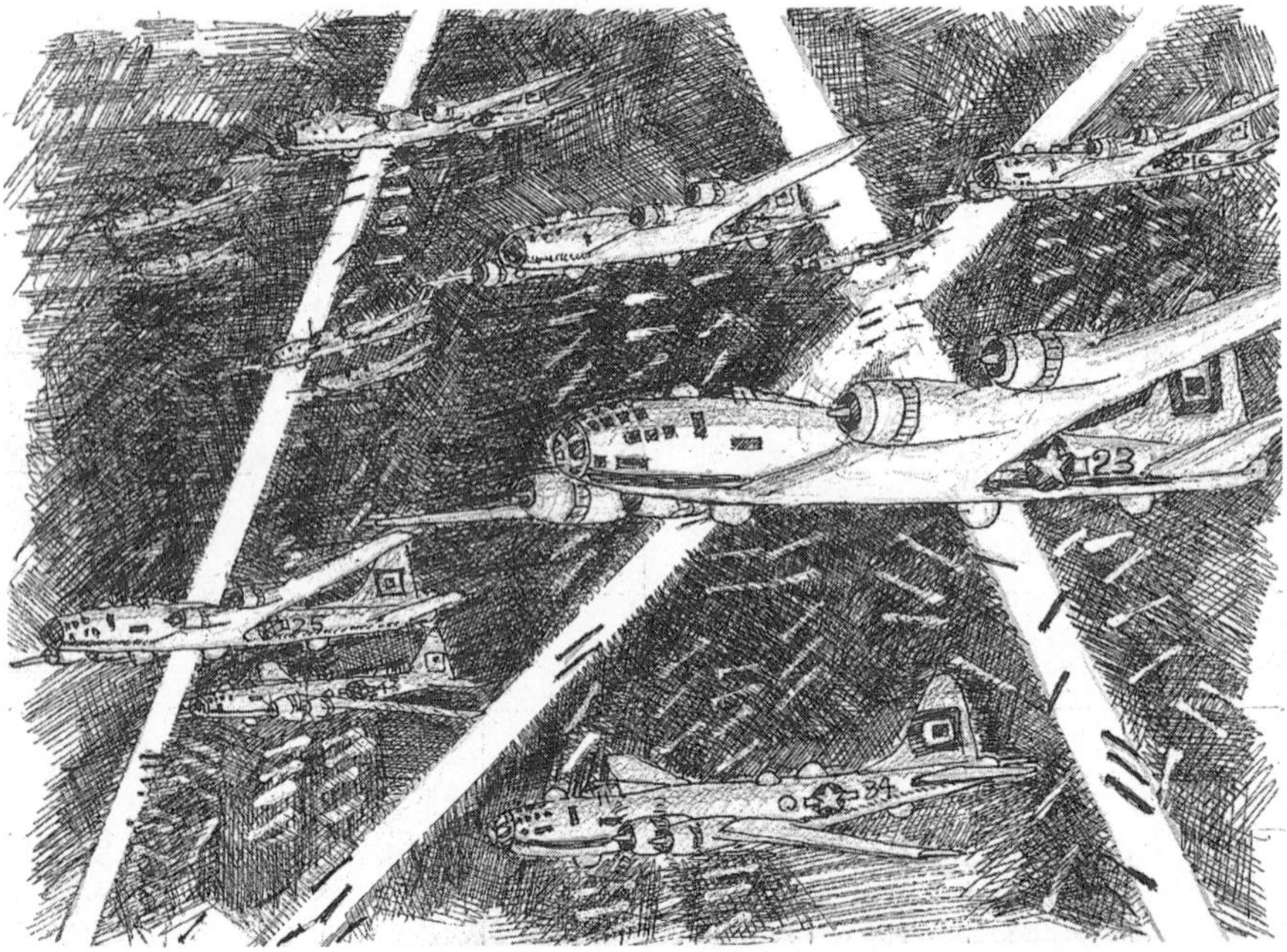

B29の大編隊が仙台を空襲した

仙台も変なところで見込まれたものです。

当時の仙台は、現在と同様東北最大の都市で、鉄道、交通の要所、政治、経済の中心地であり、学都のほか軍都でもありました。攻撃前に何度となく飛来した偵察機による写真で、苦竹の現在の陸上自衛隊敷地には爆弾製造をしていた陸軍の造兵廠《ぞうへいしょう》があり、このほかにも飛行機工場、金属、電気、紡績工場などの所在が確認されています。

日本の住宅は木造家屋であることは、広く知られていました。米軍は、フロリダの基地内に日本住宅の模型市街地を作り、爆撃効果を実験しました。住宅密集地を攻撃し市民を戦火に巻き込む方法を検討していたのです。しかし、すぐには実行には移しませんでした。第二一爆撃兵団の司令官ヘリウッド・S・ハンセル准将は、日本本土爆撃はあくまで主要な軍事目標に限定すべきであると考え、夜間の市街地に焼夷弾攻撃をすることは「承服しがたい」と上官に宛てた手紙に書いています。

このへんは、いかにも民主主義の国、アメリカらしいですね。しかし、変更されることなく、ハンセルは更迭されて、後任に都市地域への攻撃の拡大を考えるカーチス・E・ルメー少将が着任します。これは、単に一司令官の首のすげ替えではなく、対日戦略の大転換を意味していました。

出撃命令が出ました。七月九日午後四時三分（日本時間）仙台へ向かう部隊はマリアナ諸島テニアン西飛行場を次々と飛び立ちました。この日は、仙台のほかに和歌山、堺、岐阜各市と四日市の製油所を同時に空襲する予定で、いろいろの飛行場から来た大編隊は硫黄島上空でいったん集合してから分散しました。事故に備えて、米軍は仙台沖から和歌山沖にかけての太平洋岸に多数の潜水艦、救助機を配備していました。

仙台に行くB29は、十二機の誘導機が本隊に先駆けて進み、福島県相馬市原釜上空から仙台に進入しました。一方、旧仙台北警察署の記録では、東北軍管区司令部（仙台市川内）は、宮城県鮎川監視哨からの「敵大編隊旋回中」の情報で空襲警報を発令したとあります。

この夜、仙台では九時三十分に「警戒警報」が出されで同十時二十二分解除、同十時五十六分再び「警戒警報発令」です。警戒警報は、あくまで注意報の域を出ません。空襲は無いかもしれない。仙台の上空を素通りするだけかも知れないのです。そして、十日午前零時五分「空襲警報」が発令されました。

米軍の記録によると、正確にはその二分前にB29第一梯団《ていだん》がすでに仙台上空に達し、仙台駅前、新伝馬町《しんでんまちょう》、国分町一帯に最初の焼夷弾を投下、火災が発生していました。第二、第三の攻撃が続きました。雨が降るように、ザー、ザザーと焼夷弾が落ちてきたと体験者は言います。そのたびに火災の範囲は北へ南へ拡大して行きました。

爆撃高度は三千メートルから三千二百四十メートルと設定され、ほぼその通り実施されました。攻撃方法は、同年三月の東京大空襲によく似ています。「先頭のB29大隊は準備火災を発生させるためにナパーム弾を入れたM47焼夷弾をまず落とす。この火災で相手の注意を引き付ける。後続の各機は、この火災を目標にM69集束弾を落下する」という方法です。旧仙台北警察署の望楼観測では、二時間二分にわたって続けられた攻撃は、二分から五分刻みで襲ってきたということです。

空を真っ赤に染め街中が燃え上った

空襲の夜、向山国民学校では、早川栄男先生と高山先生が宿直をしていました。一度、「警戒警報」が発令され、解除になったので「今晩はもう敵機はこないだろう」と言いながらも、靴をはいたまま横になっていました。

真夜中、ブルンブルンという爆音が南西の方向から聞こえ、ふたりで校庭に出てみると美しい星空の中をB29が二、三機ずつ編隊を組んで飛んで来ます。周囲の山々の陣地から探照灯が照らし出され、この光に浮かび上がった飛行機は、校舎の上を通り過ぎて行きます。

用務員室付近に焼夷弾が落ち、高さ三メートルはある薪の束が燃え出しました。近所の人と一緒になって風呂の水をかけ、シャベルで土や砂をかけて何とか消しました。頭上でヒョロヒョロという音が聞こえ、どすんと地上に落ちました。「大型爆弾だ。校庭に逃げろ」と皆で逃げました。爆発音が聞こえません。「時限爆弾かもしれないぞ」と言っているうちに、南側の松林に焼夷弾が落ち、木の枝にひっ掛かってボーボーと燃え出しました。

飛行機の爆音、パチパチと火のはぜる音、それに高射砲の響きが耳をつんざくばかりです。高台にある学校からは市内が良く見えました。街中が空を真っ赤に染めて燃え上がり、学校の近くでも火の手が上っていました。

隣の宮城女専でも、焼夷弾で北側の校舎と寄宿舎の分舎が全焼しました。焼けた校舎は、この年の一月、同校に駐とんしていた陸軍の軍需品置き場に、寄宿舎は軍需品保管の職員の寮になっていました。空襲の最中、兵隊さんが、校舎中央にあった防火扉を必死で閉めてくれたので、南側校舎への類焼は免れました。学校では死者、けが人はいませんでした。生徒の生活科倉沢田鶴子さんが、東二番丁の防空壕に一家八人で避難していて直撃を受け全滅しました。

同校は、空襲翌日の七月十一日に予定していた入学式を、校舎の一部焼失で延期しました。

空襲で炎上する仙台市中心部

空襲は、向山国民学校の学区内にも被害をもたらしました。前にも紹介した向山小学校社会科研究会編「向山付近の地誌概要」を引用すると、大満寺、長徳寺、向山教員保養所、瑞鳳殿、感仙殿、宮城県女子専門学校校舎と寄宿舎の一部、六軒丁の一部、黒門下から愛宕山西部一帯、二ツ沢の一部、逓信宿舎付近、路地町の一部などで被害が出ました。

小学校の近くには、八木家が造成した八木山緑町の文化住宅団地を中心に、このころすでに、百二十戸が張り付いていました。現在緑町にお住まいで、空襲を体験した同級生三人から話を聞きました。

西館六郎さん「見晴らしのいい場所に家があったので、中心部が燃え始めたころは、提灯行列みたいにきれいだな、と見ていたのですが、そのうち、こちらにも落ちてきて、障子はメラメラ燃え出すし防空壕に避難する余裕もありませんでした」。三上龍雄さん「緑町でも数軒が直撃を受け、直撃弾で亡くなった方もいます。子供ながら火を消そうと必死でした。油脂焼夷弾ですから、ベタベタと天井にくっついて燃え出すんです。家にはその跡が戦争が終わっても十年くらい残っていました」。伊藤マユミさん「私の家は向山の長徳寺隣でしたが六角型の細長い焼夷弾が庭に落ちてきました。不発だったのか、叔父さんがすぐつかんで放り投げて、伏せろって言ったのを覚えています」。忘れようとしても忘れられない強烈な思い出です。

「紅久株式会社」の味噌醤油部門がある田町の屋敷には、合計十八発の焼夷弾、集束爆弾が落とされました。このうち八発は不発弾でした。残る十発のうち一発は、爆弾で、東北学院大向かい側の正門付近に落ち、弾丸の破片が板の門にいっぱい刺さっていました。残る九発は、蔵などの屋根瓦を突き抜けて、味噌や醤油桶がたくさん置いてある工場に、大きな音を立てながら落下してきたそうです。中には、味噌桶にぶすっと入ったまま消えてしまったもの、落下した後あちこちにぶつかって、火をふきながら転げ回る焼夷弾もあったそうです。

同社専務、八木邦夫さんは、当時国民学校の五年生でした。屋敷の中に住んでいたのでこの夜のことは鮮明に覚えています。「飛行機が二機、三機と次々編隊で来るのが探照灯に照らし出されてはっきり分かりました。そのうち、突然という感じでバラバラと焼夷弾が落ちてきた」そうです。

当直ふたりのほか、空襲を知って蔵人四人も出勤してきました。邦夫さんの父親で、味噌醤油部門の責任者、喜佐久さん（故人）が指揮官になりました。「気持ちを落ち着けるために、まず一杯やろう」と皆に酒を勧めました。清酒のらっぱ飲みをした後、岩で出来た蔵の表戸に味噌塗りを始めました。それから、醤油製造に必要な黒砂糖を入れていた「あんぺら」という空袋に水をひたしておいたものを持って、広い工場に焼夷弾が落下するとぱっとかけるのです。驚くほどの効果で消すことができました。「あんぺら」は椰子の葉でできた一間四方の袋です。これでやると消火がうまく行くと喜作久さんが前に、だれかに聞かされていたようです。そういうわけで、家の回りは一面火の海になったのに、焼失を免れたそうです。

大町の化粧品部門は、昭和十七年以降、原料難から店を閉鎖していました。ここは、市の中心部なので真っ先に焼夷弾が落とされ全焼しました。

悪夢「人がしんだら　くろかった」

仙台市の戦災復興記念館は、戦災と復興の記録を後世に残そうと、市が青葉区大町二丁目に開設しています。館内には、戦災前の仙台の様子、戦後仙台がどう変わったかなども展示しています。

この中で、最も心が痛むのは戦災の状況を展示したいくつかのコーナーです。当時カメラは貴重品でした。それだけではなく、物不足でフイルムもなかった時期でした。したがって空襲の状況を撮影した写真は極めて少ないのですが、限られた写真や展示してある遺品、体験談から戦争、戦災の恐ろしさが伝わってきます。

仙台が空襲によって燃え上がる様子は写真だけではなく絵画によっても知ることができます。このほかに、防空壕の模型やサイレンの実物も飾ってありました。このサイレンは実際、市役所の屋上にあり、正午の時報に使われていました。戦時中は、敵の来襲を知らせる警戒警報や空襲警報のサイレンとしても活躍したのです。そのわきには、サイレンの音、B29から落とされた爆弾が破裂する音の録音テープが回っています。

改めて聞いてみると、あの悪夢がよみがえって来ます。あれから随分と時間は経っているはずなのに、まだ恐怖が体に染み付いているのです。

みんなしんで　かわいそう
人がしんだら　くろかった
せんそうはきらい
　　台原小学校一年　梅津としこ

こんな詩が室内に掲示してありました。

仙台空襲では、中心部が大きな被害を受けました。記念館の資料では、当時の仙台の全戸数の四割が焼失、死者は九百一人とも九百六十五人とも一千六十六人とも言われています。

かつて、太平洋戦争開戦時の米国大統領F・ルーズベルトは「助けなき丸腰の市民に対する爆撃は、全人類の恐怖を巻き起こした悲劇である。私は、この非人間的蛮行の禁止をアメリカがいつも率先して主張してきたことを想起し、誇りとするところである」と胸を張って演説しました。仙台空襲は、この言葉を逆手に取れば、「丸腰」の「一般市民」に対する無差別の爆撃でありました。「大統領よ、あまり格好いいことを言わないでくれ」と叫びたくなります。

空襲から五日後の昭和二十年七月十五日、米軍は偵察機で焼け野原になった仙台都市地域を調査しています。もちろん物的損害だけです。市街住宅の二七パーセントは焼失、攻撃目標地域（市中心部三平方マイル）内に限れば四一パーセントを焼き払い、軍事施設は八〇パーセントを破壊した、と報告しています。

攻撃に参加した第五三爆撃飛行団百二十三機のB29のうち、損害は一機だけでした。それも日本軍に撃ち落とされたのではなく、テニアン飛行場に着陸するとき、一部破損という自損行為に近いもので、搭乗員は全員救助されています。ほかに六機が対空砲火で破損しましたが、飛行に支障はありませんでした。

東北軍管区は、空襲の翌日「B29五機を撃墜、十二機を撃破」と発表しました。

米軍の攻撃部隊は「仙台空域で、日本の迎撃機が一度攻撃してきた。仙台地区の戦闘機は、地上の探照灯によってコントロールされながら攻撃してくる」と報告しています。空襲の夜、仙台上空は二十基の探照灯が照らされ、重高射砲の攻撃を受けたとも報告しています。

しかし、日本機がB29を攻撃するのを見た、という人はいません。仙台空域といっても相当広く、仙台市上空とは限りません。たった一度の攻撃では、人々の目に止まらなかったのかもしれません。

仙台空襲後の状況を調べるために、戦後、「米戦略爆撃調査団」が訪れています。同調査団は、仙台で五人から話を聞いています。東北大学の新明正道教授、宮城県警察部長、婦人団体幹部、隣組の連合組織の幹部、それに軍需工場の社長です。発言の内容が残っています。それによると、新明教授や警察部長などは「もしかしたら日本は負けるかもしれない」と思っていたといいます。これに対し、ほかの人たちは、「こ

一夜空けた仙台駅Ｘ橋付近。一面焼け野原となり、市役所（右）がやけに近くに見える

れでますます戦意が高まった。最後まで戦う決意を新たにした」などと発言しています。この差は、戦局について、どの程度の情報があるかで違いが出るというのです。

当時、日本には軍事的、経済的な意味で、戦争能力はありませんでした。あるのは気力だけでした。「徹底抗戦」とか「本土決戦」という軍の掛け声をさほど不思議とも思わず受け入れる、国民の戦意がありました。

その気力という得体のしれない強固な心のとりでを破壊しようとしたのが、仙台空襲でした。「東北にまでB29が飛んで来るようになったのでは、戦争はもうおしまいだ」という空気を多くの人に植え付けようとの心理的な効果を狙ったのです。そして十分な効果があったと報告書は結論づけています。

仙台空襲では、いろいろのことが言われています。そのひとつは亀岡八幡、護国神社、瑞鳳殿など多くの神社仏閣が焼けました。庶民信仰のよりどころをねらい撃ちしたというのです。が、米国の国立公文書館にはこの種の資料は見当たりません。

そんなバカな　神国日本が負けた

夏の暑いあの日のことは、だれでも記憶しています。セミが鳴き、ヒマワリの大きな花が咲いていました。土手の草むらの、むせるような草のにおい。昭和二十年八月十五日、天皇陛下は放送で日本が戦争に敗れたことを国民に告げられました。

向山国民学校では、全児童が校庭に集合して、ラジオから流れてくる陛下の声を聞きました。雑音が多くてよく聞き取れません。おとなも陛下が何を言われたのか理解できない人もいました。「そんなバカなことがあるものか」「戦争に負けるはずがない」「日本は神国だぞ」「うそではないのか」「しかしやっぱり負けたのかなあ」。ラジオを聞いて悔しいと思う人、陛下に申し訳ないと思う人、うそではないかと疑う人、それから泣いている人もいました。

宮城女専の二、三年生二百五十九人は宇都宮の中島飛行機工場で終戦を迎えました。午前中に空襲がありました。いつもは、ただ逃げまどうだけです。この日は日本の戦闘機が出撃、米軍機と戦うのを見ました。そして正午、終戦の放送です。

工場は空襲を避けて大谷石の石切り場の地下に疎開していました。飛行機の部品も不足がちで、作業もプレスの機械の代わりに手でたたいたり、人力でジュラルミンの板を曲げて部品を作っていました。向こうに行ったときは一年生と二年生でした。八カ月が過ぎて一学年ずつ上級生になっていました。仙台の本校には、七月二十五日に入学してきた一年生百五十人と、第二師団で勤労奉仕していた二、三年生七十人がいました。

文部省は、終戦の翌日、手回し良く農業、運輸、通信従事者を除く学徒動員を解除します。女専の生徒たちは、布団や服などを寮に置いたまま、リュックサックひとつで宇都宮を後にします。帰郷の日は、梅干しの入った真っ白いおむすびが一個ずつ配給されました。いままでは雑穀の入ったひどい主食しか食べていなかったので皆、感激したそうです。

玉音放送で敗戦を知り、泣き出す生徒もいた

仙台に帰ってからも、しばらく自宅待機になりました。慣れない勤労奉仕で心身とも疲れはてています。生徒たちから疲労が取れたころ、占領軍は日本に進駐、仙台には九月十六日アメリカ軍が到着しました。

この月の三十日、宮城女専の卒業式がありました。戦時中は修業年限が半年短縮され、専門学校生徒は三年制から二年半となりました。卒業者は、国文三十七人、国文研究二十三人、家事六十三人、裁縫三十五人の合わせて百五十八人です。終戦直後の卒業式で、ほとんどの生徒はモンペ姿で出席しました。

仙台の中心部は、空襲で破壊され、見渡す限りの焼け野原で、瓦礫《がれき》があちこちに積んでありました。女専も校舎や寄宿舎の一部を焼失、真っ白い建物も迷彩をほどこしたままです。そんな中で、戦時中の教育は根本から覆されていきます。敵国語として廃止されていた英語が女専で復活します。向山国民学校では戦時中に使った教科書の中で軍人、戦争、天皇制などのことが載っている文章を、読めないように墨で消す作業が先生と子供たちで行われました。

占領軍が向山小へ乗り込んで来た

終戦の翌年の昭和二十一年六月二十五日、名称も国民学校から小学校に変わった向山小学校へ、占領軍の兵士ふたりが日本人の通訳とともにジープでやって来ました。午後の来校だったので、児童は午前授業で家に帰されました。学校中が緊張で張り詰めています。

兵士は校長室で、校長先生と教育のことや学校の運営のことで話し合いました。同校にある資料によると、兵士は「先生の中に軍人はいるか」「教科書の墨塗りはやっているか」「学校にあった武器はどう始末したのか」「先生方は新しい教育方法を勉強しているか」などと質問したそうです。その後で、男女ふたりの先生が呼ばれて「新聞を毎日読んでいるか」「新しい教育方法を勉強しているか」と聞かれました。

そのころ、学校では軍国主義教育を一掃するために、地理、修身、武道の教育は禁止され、一斉に号令をかけたり、神社への参拝、軍隊や戦争の話、天皇陛下のお写真を拝ませることも認めませんでした。

宮城女専では、昭和二十一年度入学式が一カ月遅れの五月に行われました。新入生を含めて生徒たちは、戦時中授業を休んで学徒動員や勤労奉仕に全力を出したので、学力が落ちています。そこで一年間は一般教養のカリキュラムで授業が行われました。

遠方から来ている人たち四十人が寮生活をしていました。寮は空襲で分館を焼かれたので、一人当たり畳一枚分の広さしかありません。寮生は布団を敷くとき机や火鉢を廊下に出し、新入生は押し入れを二段ベッドにして寝ていました。戦争が終わったら、戦時中よりも厳しい食糧難が襲ってきました。

寮で出したある日の献立を見ると、朝飯は、ご飯がどんぶり七合目、白菜のみそ汁、白菜の漬物、昼は醤油味のご飯、細切りの昆布の佃煮。夜はどんぶりのご飯、魚とフキの煮付け、白菜の塩漬けです。ここで言う「ご飯」とは白米ではなく、ぼろぼろの外米や麦、サツマイモのほか、サツマイモやカボチャのつるの入ったご飯、すいとん、おじやなどでした。週一番のごちそうは、火曜日のトリ肉のカレーライスでした。舎監の小林先生が、寮生に戦後授業で復活した英語を教えた後、大事に飼っていた鶏を見事な包丁さばきで料理して食べさせてくれました。「コッコちゃんのカレー」と皆、楽しみにしていたということです。

この時期は、中国や東南アジアで終戦を迎えた兵隊さんや一般人が、次々に日本に引き揚げて来たときです。この人たちの受け入れと食糧事情の緩和を目指して、昭和二十一年、緊急事業が始まります。未開拓地が国の手で取得され、八木山地区でも入植者が開拓を始めます。農家に新たな未開拓地をあたえて農地を増やす増反政策も取られました。

向山小社会科研究会編「向山付近の地誌概要」によると、八木山とその周辺の入植者は、三神峯開拓組合九戸、芦ノ口同二十三戸、向山同八戸（当初は七戸、後に一戸増加）、増反は八木山同が二十一戸の合計六十一戸でした。

このうち向山組合の八戸と、従来の帰農者で今回増反を受けた八木山組合の五戸の合わせて十三戸の農家は、長嶺と二ツ沢間にある南向きの斜面、それに八木山神社付近から大年寺山に向かう道路の尾根を開墾することになりました。総面積二十町歩余、一部を除き個人所有の山林です。昭和二十二年、国が買い上げ、開拓者に売り渡したのです。

向山組合の人たちは、旧陸軍演習地の王城寺原で開拓をしていました。進駐してきた米軍に、開拓地の半分近くを接収されたので他への移転を迫られたのでした。

新しい開拓地はしばらくの間、電気、水道なしの生活から始まりました。水は沢水をためて使いました。一戸当たり平均二町二反の山林、原野を切り払い、木の根を掘り起こして耕し、小麦、豆、陸稲や野菜、果物を植えました。「入植後二年間は、ほとんど収穫がありませんでした。六、七年後、鶏を二、三百羽飼って卵を販売し、野菜が売れるようになって、やっと生活がひと息ついた」と語る人もいます。

開拓農家が安定した生活になってきたのは、昭和三十六年ころからです。折りから宅地造成の波が八木山にも押し寄せ、開拓地を宅地として売ってもいいことになったのです。手塩にかけて耕してきた農地を手放してから生活が安定するとは、なんとも皮肉な開拓行政の結末ではありました。

田を失い、さしもの八木家も大打撃

戦時中から戦後にかけて、八木山の今の動物公園に行く坂道のわきは、あちこち畑になっていました。食糧を増産しようと、「紅久」では空き地を菜園にし、主にジャガイモを植えたのです。やせた土地でもジャガイモは育つと言われますが、決してうまいイモではありませんでした。収穫期になると、大型トラックに店の人が乗り込んでイモ掘りをしました。恐らく、会社の人たちで分配したのでしょう。味噌の原料にまでは回らなかったのではないかと思われます。

「紅久」の五代目久兵衛さんが、情熱を傾けてつくった野球場や公園、遊園地、テニスコートなどの運動施設は、戦時中、所有者の仙台市の管理もはっきりしないまま荒れ果てていました。仙台空襲の後、焼け出された市民のうち何人かが野球場に住み付きます。「どこから材料を運んで来たのか、バラックの家を建てて住んでいました。水はどうしていたのか分かりませんが、そのうち、だれもいなくなりました」と八木栄治さん。戦後の混乱期には大なり小なり、こんな状態がどこでも見られました。

八木家経営の「紅久株式会社」に残っている小冊子「社歴抜粋」には、戦時中から終戦直後にかけての記述がほとんどありません。大正十二年株式会社になってからの社業の発展ぶりを、後でまとめた冊子です。昭和十六年度の分として「待望の米英に対する宣戦でわが国の進路は暗夜に星を得たる如く明白となる。世界的使命達成のため、いかなる困窮にも耐えんと決意を新たにせり」。記述はこれだけです。髪油の製造中止で店は閉店状態だったこと、味噌醤油は物価統制令で配給制になったことはもちろん、営業報告も見当たりません。社史を抜き書きした人は「戦時及び敗戦にてその目的すら失ったるもののごとし」と注釈を加えています。

敗戦後、日本を占領した連合国軍最高司令部（GHQ）の相次ぐ「民主化政策」とりわけ農地改革で、八木家は大打撃を受けました。仙台の有数の大地主は、ほとんどの田を手離して小作人に売り渡したのでした。

同社専務取締役、八木邦夫さんは「現在の六郷、七郷の水田のほとんど、ほかに長町、苦竹に合わせて四百町歩の田を持っていました。終戦の翌年の第二次農地改革で不在地主ということで政府に買い上げられ、小作者に売られました」と語っています。それまでは、秋になると、小作農家の作った米は馬車で田町の「紅久」に運ばれ、品質の良い米は市場へ出され、それに適さないものは味噌の原料として「紅久」の醸造工場へ回されていました。米の集荷の日、馬車の列が「紅久」から荒町まで何百メートルも続いたと言います。反当収量が五俵、半分が地主の「紅久」へと仮定すると毎年、一万俵の米が入荷した計算になります。

終戦とともに、日本に進駐してきた連合国軍最高司令部は、日本が再び軍事国家として台頭しないように、諸施策を矢継ぎ早に打ち出しました。憲法改正が行われ、教育制度では、六・三制の実施、それに労働基本権の確立。経済政策としては、財閥解体と並んで、実際土地を耕していない不在地主の土地を耕作者に解放する農地改革が実施されました。

「戦後史」（正村公宏著・筑摩書房）によると、戦前、わが国の農地の四五・九パーセントは小作地でした。小作農家は、収穫の五〇パーセント前後を地代として主として米で地主に納めていました。農民は極度に貧しく、地主は、大きな経済力を持っていました。小作料引き下げなどを要求して各地で小作争議が起こりました。政府は地主の財産権を擁護する立場に立ち農民運動を弾圧しました。

昭和二十一年秋、政府がＧＨＱの勧告によって実施した「農地調整改正法」「自作農創設特別措置法」では、在村地主の小作地保有限度は内地の場合一町歩。不在地主は保有地を認められませんでした。地主の保有限度を超える小作地は政府が強制的に買収、小作農に優先的に売られることになったのです。

「社史抜粋」の昭和二十一年のところに、「資産、土地四十四万七千七百八円が、二十五万九千百七十八円へ。これは、農地解放によるもののごときも営業概況その他資料なし。小作料は昭和二十五年三月までは記載あるも以後はなし」とあります。田はすべて買い上げられ、米の収入はゼロになったのではないかと思われます。

東北大に合併　四半世紀の歴史に幕

戦争が終わって十一年経った昭和三十一年、経済白書は「もう戦後ではない」と指摘しました。敗戦の混乱を乗り切り、再建に向かって雄々しく立ち上がって行った時期でありました。

八木山は、昔のまま緑が充満していました。「国破れて山河あり」のたとえ通り、手つかずの自然がそっくり私たちの財産として保存されていました。逆に言えば、人々は自然の貴重さを確認するよりも、その日の飢えをしのぐのに精一杯だったのです。

向山高校の場所にあった宮城県女子専門学校は、昭和二十六年三月、学制改革で東北大学に合併されます。大正十五年五月に、東北、北海道でただひとつの女子高等教育機関として設立されてから二十五年でその幕を閉じました。

合併はすんなり決まったわけではありません。「女専」を女子大に昇格させようという運動が活発に行われました。二十二年、期成同盟会が結成され関係方面に陳情したり、街頭での署名運動、女子高校へ協力を要請しました。しかし、日の目を見ることはありませんでした。先ごろ、女専同窓生の方々と懇談する機会がありました。この話になると、あれから随分時間が経っているのに、東北大に合併されたことに対する不満はまだ心にしみついていらっしゃるようでした。幻の学校になった悔しさもありましょう。「あれは、当時の先生方が、合併すれば東北大教授の肩書きがもらえると思って動いたからです。大学に残ることができた先生は、たったふたりだけだったのですよ」と解説してくれた人もいました。

この校舎は、昭和二十六年四月から一年間、旧女専の生徒たちと、東北大学で共用されます。東北大では、第三教養部として、主として経済学部、法学部に入学した学生が、二年間一般教養を学ぶ場として使いました。ちなみに、第一教養部は、三神峯にあった旧陸軍幼年学校の場所、第二教養部は、その後工学部が使う旧仙台高等工業学校の校舎、第四は東北大教育学部と

緑の松を背景に、自慢の鉄筋２階建ての校舎は、東北大に引き継がれた

なった旧宮城師範の校舎です。それぞれ学部によって学ぶ場所が違う「タコ足大学」でしたが、翌二十七年からは、教育学部を除き、三神峯の校舎に統合されました。

余談ながら、女専卒業生の団結は今でも固く、白楊会という会員二千人の組織で活躍しています。仙台寮歌祭をしていたときは毎年参加し、各地の支部では、恩師も交えて総会、旅行会が開かれ、その様子は会報に詳しく紹介されています。「皆さんに会うと気が楽になって安らいだ気分、落ち着きが出て何でも話せる」と会報に書いている人もいます。

女専の建物は、その後、国立仙台電波高等学校が使うことになり、白亜の二階建ての校舎の上に大きなアンテナが立ちました。

そのころの八木山は、昭和初期とほとんど変わりません。五代目久兵衛さんが八木山緑町に造成、賃貸住宅として利用されていた二十二戸は、紅久から買い取って自分の家にする人が増え、さらに向山小学校周辺に家が立って合計百二十戸くらいになっていました。新しい住民として、六十一戸の開拓農家が入植しています。

放送局、野草園、動物公園

ＪＯＩＲ こちらはラジオ仙台

仙台に初の民間放送が生まれたのは昭和二十七年五月一日のことです。

「ＪＯＩＲ、ＪＯＩＲ、こちらはラジオ仙台です」佐々木京子アナウンサーの声が、開局を記念して米山正夫が作曲した軽快な音楽に乗って町や村に流れました。今は、東京で主婦をしている佐々木さんは、「東北放送十年史」の中で「がたがたと足が震え、自分の声が意のままにならず、何度となくもどかしさを感じました」と当時を思い出して書いています。

佐々木さんは、東北放送が、ラジオ仙台と言っていたころの第一期アナウンサー（男子五人、女子二人）のひとりです。採用されて一カ月足らずの養成期間を終えて、早速マイクの前に立ったのです。

ラジオ新時代を告げる最初の電波は、八木山の送信所から発信されました。八木山は、宮城県の民間放送が初の電波を出した記念すべき場所でもあるのです。今、東北放送敷地にある結婚式場の所に送信塔がありました。と、言っても、アンテナは電柱をつなぎ合わせた六十五メートルの木製のもので、出力は三キロワットにすぎませんでした。発足時、放送時間は午前六時から午後十一時まで。夕方三十分の休止時間というのがありました。初日の番組表が残っています。ニュースが九回、時代を反映してか英語教室が日に三回、音楽番組が十四回。このほか、宮口精二出演の連続小説「幸福の限界」や寿々木米若の浪曲「佐渡情話」などです。

今では放送にＮＨＫと民間放送があるのは常識です。戦争が終わるまで、日本には社団法人の日本放送協会しかありませんでした。終戦は、日本の放送史に新しい時代がくることを予見させました。それを見込んだのか、終戦の二年後、昭和二十二年には、早くも仙台で河北新報社を主体とする北日本商業放送株式会社が発足、商業放送の出願をしています。放送が民間に開放される前ですから、このときは日の目を見ませんでした。

ラジオドラマの録音風景

昭和二十五年、電波三法が国会を通過し、わが国の放送事業がいよいよＮＨＫと民間放送の二本立てになることになりました。全国で民間放送の出願ラッシュとなり、仙台でも河北新報、旧東北放送、仙台市営放送の三社が手を挙げました。

郵政省（当時の監督官庁）は、いつもそうですが、免許の条件として、三者合同による一本化を示唆します。同二十六年一月「株式会社ラジオ仙台」が発足、四月には東北電波監理局が立ち会って、社名を「仙台放送株式会社」と変更、送信所は長町越路の市有地、資本金は三千万円、工事費二千五百万円と決定します。翌年四月二十二日、待望の予備免許がおり、開局の準備として仙台市役所の中に創立委員会（委員長・岡崎栄松仙台市長）が設けられました。このほか、新しいラジオ局の呼び出し符号は「ＪＯＩＲ」、呼び出し名称は「ラジオ仙台」、周波数千二百五十キロサイクル、空中線電力三キロワットなどが決まりました。

開局まで、あと一年です。送信所やスタジオを作り、器材を整え、アナウンサーや技術、編成、営業関係の人たちも採用しなければなりません。やらなければならないことが、たくさんありました。

セクション分散でスタッフ東奔西走

ラジオ局「JOIR」はタコ足放送局でした。本社は仙台市水道事業所内（現在の市役所北側）、スタジオは徒歩七分のレジャーセンター内、送信所は八木山です。当時のスタッフは、NHKの元放送局放送部長を編成担当に、東北電波監理局員を技術担当に、河北新報社からも何人か出向しました。発足時の総勢は採用試験の合格者など、業務、放送、技術合わせて四十六人で、三カ所に分かれて勤務しました。

仙台の市街地を一望できる標高百三十メートル、八木山の高台に送信所が昭和二十七年三月、完成します。一方、レジャーセンター内には、十坪ほどの第一スタジオ、二坪の第二スタジオのほか、調整室、音増室、アナプールなどが作られました。

昭和二十七年三月二十六日、試験電波発射、四月二日、東北電波監理局の検査をパス、本免許が下りました。この日からサービス放送が始まり、五月一日の本放送となったのです。

開局当時の苦労話が語り継がれています。番組編成では東京支社との連絡が毎日欠かせませんが、電話事情が悪くて、相手がすぐには出ません。担当者は、本社から河北新報社編集局まで行って、ここで仙台と東京を結ぶ専用線を借りて連絡しあったのです。また番組で使うレコードは、本社からスタジオまで自転車で運搬しました。開局当時、「レコード放送会社」と悪口を言われたほど、レコード依存が多く、一日の放送時間十七時間のうち、半分近くはレコード番組でした。新旧のレコード盤を大量に保管する必要があった上、注文があっても保管場所とスタジオが離れているので、届けるのに時間がかかりました。

八木山の送信所には、まだ水道が通っていません。職員は、八木山の人たちの水源地だった清水沢まで下りて行って水を汲んだものでした。

昭和二十八年「仙台放送株式会社」が「東北放送株式会社」に社名が変わり、ラジオの出力も三キロワットから十キロワットに増やすことになりました。実際は、翌年、送信所の木造アンテナのわきに高さ百三十九メートルの鉄製アンテナ完成を待って増力されます。市の水道事業所内にあった事務所も、斎藤報恩会館に移転、スタジオと近くなります。

十一月二十六日、市公会堂で、十キロワット増力記念の「歌とジャズの夕べ」の公開録音が行われました。この催しには、江利チエミ、柳沢真一、岸井明、原信夫とシャープ・アンド・フラッツなど当時の人気歌手が集まったので、公会堂始まって以来最高の入場者を記録しました。

この年、東北放送はテレビ局の開設を申請します。NHKの東京テレビ局が受信契約者八百六十六台でスタートした年です。さらに、民間放送テレビの日本テレビ放送網が開局します。

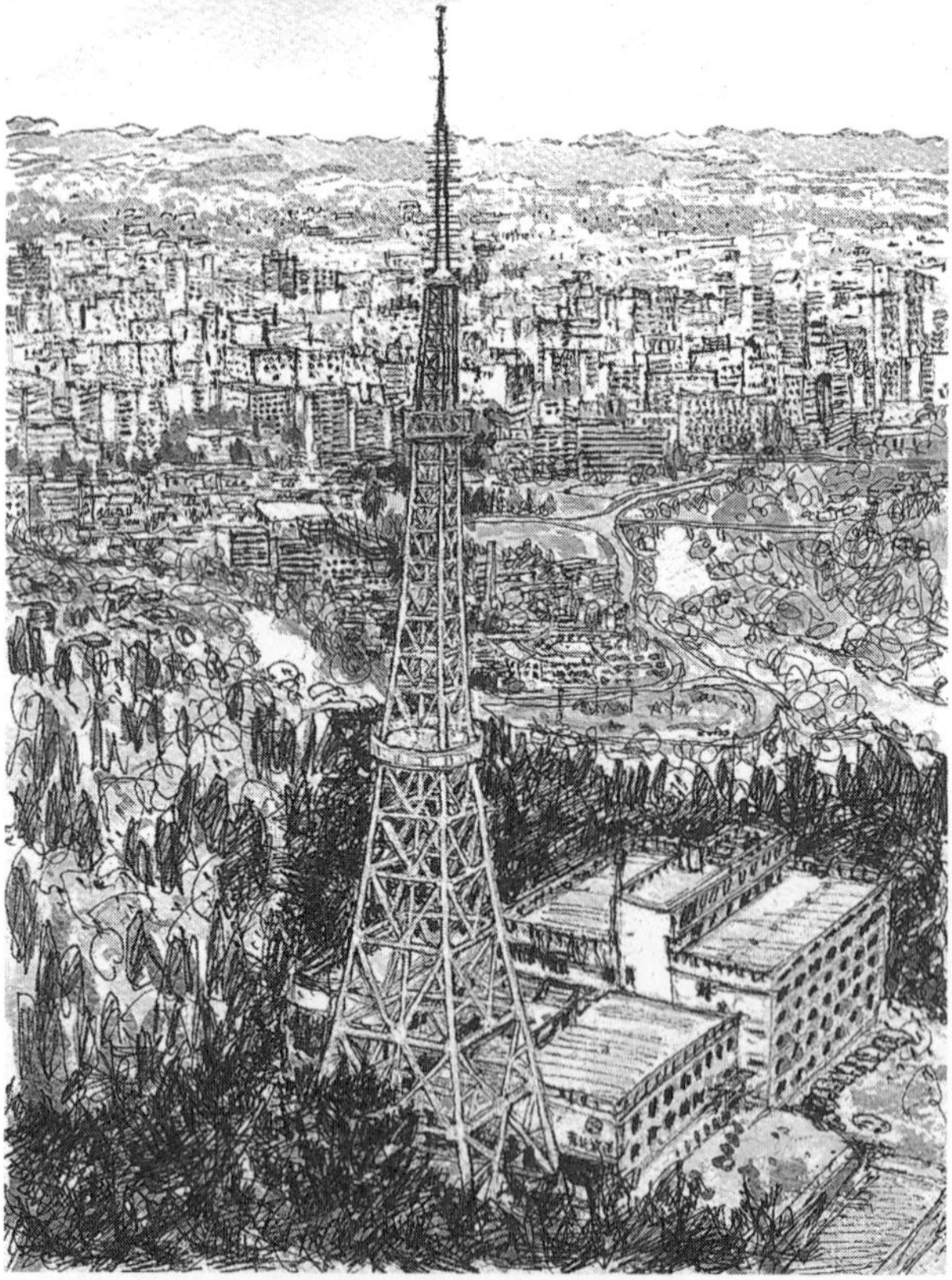

昭和34年のテレビ放送を前に、鉄塔が建てられた

申請していたテレビ局の予備免許が昭和三十二年十月に下り、開局に向けて八木山に、テレビ鉄塔の建設、テレビ局舎の建設、テレビ鉄塔の建設、それに社内機構の整備などが行われました。テレビが放送されたのは、二年後の昭和三十四年四月一日、八木山に、今の五階建ての東北放送会館が完成するのは、さらに四年後の昭和三十八年になってからです。

百メートルのTVアンテナが建った

昭和三十四年四月一日、東北放送がテレビの本放送を始めました。この十日後に、皇太子殿下（今の天皇陛下）の結婚式があり、その模様をテレビ中継で見ようという人たちが競って受像機を買い求め、テレビ台数は飛躍的に増えました。

そのころ、東北放送は、送信所を除いて河北新報社内に移っていました。東二番丁通りに面した建物の一階から三階までをスタジオや報道、営業部門などで使っていました。自家発電機を備え、停電による番組の中断はなくなりました。「タコ足」放送局解消です。

並行して、八木山に本社社屋やテレビ塔の建設が行われました。ラジオ送信所から約百メートル西側に土地一万五千坪を取得、まず、この一部に高さ百メートルの鉄塔と二階建てのテレビ送信局舎を作りました。

八木山は、明治以前から亜炭の採掘が盛んでした。地下には縦横無尽に坑道が掘られ、地盤が心配です。東北放送はテレビアンテナを建てる前に、東北大に地質調査を依頼しました。「地下に坑道があっても影響はない」との結論でした。それでも念には念を入れて、所有地付近の亜炭採掘を禁止するように仙台通産局に申請、さらに工事中、八木山に来る行楽客が危険にさらされないように、警察に協力を求めました。

鉄塔建設で最も苦労したのは、隣接したラジオ鉄塔から出る電波がテレビに影響しないようにすることでした。もうひとつは、水の確保です。職員の飲料水だけでなく、放送機器の冷却のためにも水は欠かせません。当時、八木山は大掛かりな宅地造成の前で、仙台市の水道は山に上らず、住民は簡易水道を使っていました。井戸は二百メートルまで掘り、一日五百四十トン以上の確保を目標にしました。ところが、百六十メートルまで進んだとき、粘土質の地層にぶち当たり、これ以上は掘れません。ケーシングという鉄管を入れて何とか、予定の水量を確保しますが、酸化鉄が多い水質で、濾過装置を取り付けて解決しました。

東北放送会館は、テレビ放送を初めてから四年後に完成しました。

ラジオ、テレビともサービスエリアは、宮城県全域と、福島県は浜通りを中心にいわきまで、岩手県は花巻、山形県は山形、天童、寒河江まで、約四百万人、百二十五万世帯が聴視可能地域です。

近所にありながら、なかなか見学する機会がなかったので、先日、友人の案内で見せてもらいました。百坪はあろうかという第一スタジオでは、あすの録画のために大道具さんがセットを作っていました。ベニア板をトントンと釘で打ち付け、見る間に出来上がります。ちょうど昼の、ニュースの時間でした。報道局は雑然としています。部屋の隅にテレビカメラが固定してあって、その前で女性アナウンサーが原稿の下読みをしていました。ちょっと離れた、ラジオ用のアナウンス室では、男性アナウンサーが声を出して原稿を読んでいました。間もなく本番の合図があり、テレビモニターからニュースが流れてきました。あんなに狭い所でやっているとは感じない、堂々たる部屋に写っていました。

仙台には、東北放送のほかにＮＨＫ、仙台放送、宮城テレビ、東日本放送のあわせて五放送局があります。

このうち、八木山と峰伝いにある大年寺山には、かつて仙台放送の本社があり、このほかＮＨＫと東日本放送共用、仙台放送、宮城テレビの三本のテレビ塔が建っています。新幹線で、東京から帰ってくるとき、まず目に付くのは八木山、大年寺山のテレビ塔です。夜、それぞれライトアップしていて華やかです。

仙台の放送局はＮＨＫが一番古く、ラジオは昭和三年六月、仙台市燕沢の送信所から、テレビは昭和三十一年三月に大年寺山送信所からいずれも東北では初めて放送を開始しました。次いで東北放送ラジオが昭和二十七年、テレビが同三十四年に開局。同三十八年には、民間テレビ二番目の仙台放送が誕生、同四十五年には宮城テレビ、同五十年東日本放送が開局しています。

「ＪＯＯＸ仙台放送」のコマーシャルでスタートした仙台放送は最初、同市大町に本社がありました。後に本社、演奏所、送信所を含めて長町茂ケ崎に移転、さらに本社、演奏所は青葉区上杉に移りました。元仙台市長の藤井黎さんは、八木山地区を仙台の文化地区と呼んでいます。大学、動物公園、野草園、それにふたつの放送局、四本のテレビ塔が立っているところは、確かに宮城県内のどこにもありませんね。

あの混乱期に自然保護を説いた

仙台市野草園は、昭和二十九年七月、仙台市太白区茂ケ崎二丁目一の一番地、今の場所で産声をあげました。五十数年前に植えられた小さな苗木は、年輪を重ねて大木に成長しています。身近な野生の植物と触れ合える植物園として、全国的に認められるまでになりました。

野草園が生まれるきっかけを作ったのは東北大学名誉教授の加藤多喜雄さんでした。科学者ファミリーとして知られた「東北大の加藤三兄弟」のひとりで、専門は分析科学です。情熱的に「健康都市仙台のまちづくり」をリードして来た人で、戦後間もなく「まず自分たちのまちを愛することから始めよう」と愛市運動を提唱、これが「健康都市づくり」へ発展します。以後二十八年間「健康都市建設推進協議会長」として、自然保護、脱スパイク、緑化推進、文化運動に尽力しました。昭和五十六年、地球環境保全功労者として環境庁長官から表彰されたとき、加藤さんは、河北新報記者にこう語っています。

「地球はね、人間に住まわれては困ると迷惑しているのですよ。自然破壊をやめてもらいたいと思っているのですよ」「私が子供のころ、仙台の緑の面積は、六、七〇パーセントはあったはずだ。それが昭和三十五年の調査で二九パーセント、それから二十年後の昭和五十五年には一九パーセントに下がった」「人間は自然の主人公ではない。自然に遠慮して生きて行かなければなりません」

その加藤さんが、昭和二十四年四月十七日、岡崎栄松仙台市長を市役所に訪ねました。当時の市土木課緑地係長の鈴木光三さん（後の公園課長）がふたりのやり取りを記録していて、「野草園の年輪―三十年の歩み」に紹介しています。

加藤さんは「仙台周辺の野山は、戦時中から戦後にかけて、立ち木伐採、開墾によって掘り起こされ、あるいは踏みにじられ、野草は水辺を求めて呻吟《しんぎん》しています。今、貴重な野草の保護をしないと絶滅する恐れ

野草園誕生の原動力となった岡崎栄松市長（右）と加藤多喜雄教授

があるのです。仙台の自然を守るため応分の力を市で貸してほしいのですが」と要望します。岡崎市長は「先生のお考えはもっともです。できるだけ協力しましょう」と答えました。

岡崎市長は、戦災で焼けた市中心部の復興事業を手掛けた人として知られています。青葉通、広瀬通、晩翠通、定禪寺通、新寺などが広い道路になったのは彼の功績です。「青葉通、広瀬通をあんなに広くする必要はない。戦争にでもなれば飛行場として使う気だ」と、建設中止を求めた政党もありました。頑として聞き入れず実現しました。終戦直後だからできたとも言えます。

昭和二十四年と言えば、終戦からわずか四年後です。「青い山脈」が歌われ、新しい日本が始まったという実感が国中にあふれていました。とは言っても食糧難に悩み、街には戦災の跡がまだ残っていました。外地から軍人などが帰国し、下山、三鷹、松川事件など悲惨な事件が多発していました。野草の保護どころか、食べることに精一杯だったころ、野草の保護を訴え、市長も協力を約束する。見方によっては、ふたりの先見性ある展望が、野草園の誕生となったのです。

かくして大年寺の森林は守られた

加藤さんが、岡崎仙台市長に野草の保護を訴えていたところ、今の野草園を含めた大年寺山一帯を国が買収する計画が表面化し、大きく揺れていました。もともと、大年寺山は風致地区です。仙台藩主だった伊達家の所有地で、四代藩主以降の墓地があり、樹木が茂り、市民散策の場所でもありました。ここへ法務府（現在の法務省）は、福島県にある東北少年院を移転しようと計画したのです。この山のうち、伊達家の墓地など三万坪を除いた七万坪を買収し、少年院を建設するときは、立ち木を伐採し、施設や運動場、農業実習地を整備しようとしました。

計画を聞いて仙台市や市議会、それに地元の人たちが反対運動を展開、何度も上京して陳情、請願を繰り返しました。「この山は、風致地区であるばかりでなく、伊達家の霊場でもある。さらに、ここの森林は水害予防のためにも維持すべきだ」というのが反対の理由です。少年院が建てられると、市民が季節ごと親しんで来た山に入れなくなるとの心配もありました。

地元では、「大年寺保勝会」という組織を作り、反対の演説会や署名運動、陳情が行われました。メンバーは当時家庭裁判所調停委員をしていた鳥海玄太郎さんを会長に、石井組社長河合宇三郎さん、宮城県議菊地清太郎さん、瓦製造業平沢酉二さんの三人が副会長でした。

しかし、法務当局はあくまでも、ここに建設する構えを捨てません。昭和二十四年十月二十六日の「夕刊とうほく」（河北新報の姉妹紙）は「法務当局は、住民の反対陳情、市からは代替地の推薦を受けているが、九月二十八日に至り、少年院も重要な施設なので既定方針通り大年寺山に建設したいと市に通告した」と報道しています。

時期ははっきりしませんが、法務府の総務課長と仙台市土木部の津田部長は、大年寺山の一番見晴らしのいい場所（現在の仙台放送テレビ塔前の公園）で、現地説明会を開きました。法務府は「買収したら、施設、運動場などを造るので、立ち木を伐採したい」との考えを示します。津田部長は「ここは風致地区であり、一本の木も切らせない。しかも地滑り地帯である。そこに建物を建てるなど非常識だ」と言えば法務課長は「いや、そんな心配はご無用です」。津田部長は「何を言うのか、この馬鹿野郎」とけんかごしのやり取りになった、と野草園長を長く務め、現在名誉園長をしている管野邦夫さんの書いたものにあります。

同年十一月の河北新報「論苑」欄に、こんな論評が見られます。

「法務府の態度は、初めから法律、経費の一点ばりで、仙台市民の美しい精神的援助に訴えようとするものがない。日本の中央の役人が、少年院問題をあくまで冷たい事務的態度で処理しようとしているのは、浅ましいと言うよりほかはない。

法務府側は、仙台市議会で、大年寺山の風致を害さないような美麗な建物を建てるから、かえって風致を添えると説明したと伝えられるが、こんな馬鹿な話はない。美しい建物は少年たちのためでなく、風致のためと主張するようなものである。

少年院の建設場所は、あくまで少年たちを喜ばせ、更生の希望を与えるような所を選ぶべきであり、仙台市民でそういう希望を持たないものはないであろう」

この間、仙台市は代替地として「荒巻鷺ケ森」「国見峠」などを示しますが、そのたびに、法務府は拒否。結局同じ大年寺山でも風致地区の部分をあきらめて、南側の二ツ沢二万坪に建設することに決定したのでした。暮れも押し詰まった同年十二月二十六日、市議会は臨時議会を招集、大年寺山の風致地区のうち七万坪を「杜の都復興の緑地計画」に基づき仙台市が七百七万五千七百四十五円で買収することを議決します。

かくして、大年寺山の森林は守られました。もし、あのとき大きな建物が建っていたら、野草園がここに誕生することはなかったでしょうし、緑濃い今の山の様相は大きく変わっていたことでしょう。先人たちの意義ある反対運動でした。

「ここだ」山あり谷あり植物も多様

仙台市土木部土木課緑地係長の鈴木光三さんは、戦前、宮内庁で庭園管理の仕事をしていました。戦後、復員してから仙台市職員になった人です。昭和五十一年に発行した「野草園の年輪―三十年の歩み」に鈴木さんは緑地係長として野草園建設とどうかかわったかを書いています。

「加藤東北大教授に野草の保護について協力を求められた岡崎市長は、何度も私を呼んで野草園実現の方策を聞いた。民有地では難しいので、どうしても市有地に移して保護繁殖する以外はない。市所有の林野でそれに適した場所がないか。大年寺山は、東北少年院の建設が挫折し、土地は市が買い求めた。このうちの一部が芝山で、日当たりもいい。心配なのは、昭和二十年に大崩壊が起き、アカマツやモミの樹木が伐採されたことだった。現地に行って、雑草が茂るやぶを分け入ると山、谷、湿地、小池があり、自生する野草も多種多様である。市街地の近くに、このような変化に富んだ所はまずないだろう。したがって第一候補は、ここに決まった」

市で野草園に予定した面積は二万坪です。報告を聞いた加藤さんは「これでは狭いよ。いろいろな野草の群落を集めるとしたら最低二十万坪はほしいなぁ」とOKを出しません。しかし、市の近郊は民有地が多く、ほかに適当な場所もなく、加藤さんも渋々納得しました。加藤さんがこのとき提案した、今の十倍の野草園が実現していたら、仙台の緑地率は飛躍的に伸び、文字通り杜の都になっていたことでしょう。

岡崎市長は、昭和二十五年、鈴木さんに言いました。「野草園開設で、市としてやることは土地を提供することだな。後は、東北大でしてくれるんだな」。東北大学に当たってみると、そうではなく市の仕事としてすべてやることが分かります。「そうか。それでは、今後はすべて土木でやれ」との命令です。

何度も現地調査が行われ、計画図面も完成しました。この図面は市の津田嘱託がすすんで引き受けました。前の土木部長で、法務府との話し合いで「風致地区の

開園から40余年が過ぎた仙台市野草園

木は一本たりとも伐採させない」と断固はね付けた、あの津田さんです。第一回の造成会議は昭和二十五年九月に開催されました。出席者は、加藤さんと弟の東北大理学部教授加藤陸奥雄さん、市長、加藤さん推薦の植物愛好家中村彪《ことら》さん、それに地元の寺田利和さん（いずれも故人）です。このうち、寺田さんは、河北新報の元編集局長で、終戦直前に書いた「戦争は早く終結すべき」との社説が憲兵隊の逆鱗に触れて新聞社を退社、戦後は大年寺山で開拓の仕事をしていました。法務府の東北少年院大年寺山移転に反対、「大年寺山保勝会」の先頭に立って活躍した人です。

会議の議題は、この場所が適当か、性格は、名称をどうするか、などです。名称は「仙台市野草園」、大年寺山に建設することまでは、すんなり決定しました。が、性格をどうするかでは加藤さんと寺田さんの間で激論が戦わされ、結局四カ月後の会合で、加藤さんが納得しないまま「自然園」としてスタートすることになりました。翌昭和二十六年三月二十三日、小雪ちらつく中で起工式が挙行され、市長は「あくまでも構想を大きく、世界的な、学問的なものを、専門家の協力で築造したい」と抱負を述べました。

ガタピシの車で採集に走り回った

起工式の翌日から、まず野草園内に道路を造る作業が始まりました。当時は、今のようにブルドーザーではなく、人間が唐クワを振り下ろすのです。大まかな計画図を手掛かりに、現地の地形に合わせて道路を決め、荒縄で縄張りをしてつくりました。園路造成奉仕は、前の年、福島県から大年寺山南側の二ツ沢に移転してきた東北少年院の院生たちです。十六歳以上の刑法犯を収容する施設で、約五百人がいました。同少年院の創立三十年記念誌に「クワ入れの後三年の工期を要するが、連日二十名を充てて、遊歩道造りに奉仕することになった」との記述が見られます。

当時、野草園建設の仕事をし、後に園長を長いこと務めた菅野邦夫さんのメモには、こう記しています。「竹笹や雑木の抜根、地ならし。戦時中に切り倒されたモミやアカマツの切り株の抜根は人力では無理である。そこで手回しの抜根機を用意して、切り株の回りを唐クワとスコップで掘り、出てきた太い根にワイヤーロープを巻き付け、その抜根機の反対側のワイヤーロープをぐるぐると巻き付け、カラカラと重いハンドルを回し、ようやく切り株を起こすといった作業で、園路が造られていった。少年院生はまだ食い盛りである。汗を流した後の一服は、ふかしイモだった」。

並行して、同年四月から野草採集も始まりました。植物の自生に詳しい中村彪さんが指導して、遠くは蔵王、泉ケ岳、近くは八木山、秋保方面などから集めました。たくさんの人たちが参加して、しかも野草を積んでくるので、どうしてもトラックが必要です。当時、市役所で持っていた車は、市長専用車を入れても十台もありません。土木部の現場事務所から、役所が休みの日曜日に運転手付きで借りて、採集現場に行きました。

第一回採集について、菅野さんのメモには「四月二十二日（日）採集地秋保、神ケ根方面。がたぴしのトラックの運転台には、案内者の中村氏、東北大理学部の岡崎助教授、荷台には市の職員、それに宮城県農業高校の生物部の生徒十三人が乗っている。煙幕のような土ぼこりをあげ、危険な崖のカーブを切って走り、市役所前を朝の八時に出て、秋保神ケ根に十時到着」とあります。当時、市街地でも全部舗装されていたわけではありません。まして郊外は舗装率ゼロでした。

　こうして、植物採集は昭和二十八年八月まで二年四カ月間、合計五十八回行われました。若葉が萌える五月から、ススキの穂がなびく九月までは何とかさわやかです。それを過ぎると寒くなります。十一月の半ば過ぎに秋保本小屋からダケカンバを運んだときは、みぞれ降る中、トラックから落ちないように注意しました。苦労して持ち帰ったのに、一本も根付きませんでした。秋保に住んでいる人に先に取っておいてもらい、それを受け取りに行ったため、枯れていたのです。

　海辺の植物は蒲生海岸、近くでは蕃山でイワウチワなどをもらって来ました。作並などでシラネアオイ、八木山ではサクラソウ、秋保大滝付近でヤマブキソウ、泉ケ岳ではエゾリンドウなど。このように苦労して集められました。併せてベンチや東屋設置など、次第に施設が整って行きました。

　昭和二十九年七月二十一日、野草園は開園します。

宮城農高生物班の生徒たちも植物採集に協力した

市民に親しまれ木も草花もスクスク

久しぶりに、野草園に行ってみました。近くにあると、つい、いつでもと考えてご無沙汰しがちです。入ってみて、樹木がさらにひと回り大きく育ち、立体的で、緑に包まれた別天地になっていることに気が付きました。

「野草園三十年史」を読むと、年々いろいろのアイデアで催しが増えているのが分かります。植物感謝の集い「落ち葉焚き」が始まったのは昭和三十年です。三十二年には、自衛隊の野外演奏会、三十三年「第一回はぎ祭り」、三十七年「第一回市民月見の会」。施設の面でも拡充されて行きます。四十二年「野草館」が完成、四十八年には「どんぐり山」が造成され、メタセコイアの化石も入りました。

こんなこともありました。昭和三十四年、野草園に植えた約二千株のヤマユリのうち、五百株が盗難にあったのです。三十七年には芝生からの出火が二回もあり、消防車が出動しました。このほかに、投石によって植物の名札が壊されたり、植物が踏み荒らされたなどの記録が残っています。管野邦夫名誉園長は「花見の時期になると、一升びんやゴザを抱えたお花見のグループがやって来ます。開園のころは特に多かった。入れろ、だめだ、と言い争いになり、どうにもならない人は、警察に引き取ってもらったこともあります」と話しています。野草園条例施行規則には、泥酔者などは入園を断ってもいいことになっているそうです。野草園は、植物園で、一般公園ではありません。したがってお花見の雰囲気が出るようなソメイヨシノなどは、最初から植えなかったということです。

わが国の有名な植物学者、牧野富太郎博士（故人）は、昭和二十六年五月三十一日の河北新報で、仙台に野草園が出来ると聞いて「野草園とは珍しい。日本では恐らくほかに例がないでしょう」と次のように語っています。

「結構なことですが、野草といってもバカにならないもので、手入れを怠ると大変なことになる。種子をまいて生える草、根を移して植える草、それぞれ手入れが大変です。こういうことは、初めは一生懸命やるが、それっきりになる例が多い。いつまでも面倒をみてほしい。仙台の野草園だからと言って、仙台のものだけでなく、せめて東北のものぐらいは集めたいものだ。植物をよく知った人に頼んで、方々を回って集め、よく保護することです。（野草園）は、ほかにはない施設です。仙台の誇る文化的なものにしてほしいものです」

仙台に限っては、牧野さんの心配も危惧に終わったようです。園内には、それぞれの植物ごとに掲示が立てられ、雑草取りの職員も懸命です。

鐘の音は閉園の合図だった

野草園には、一個の鐘が大事に室内に保存してあります。今はほとんど使われていません。開園当時は、毎日「もう閉園の時間ですよ」と知らせるためにありました。野草園には、当時水道、電気、電話がなく、鐘は情報伝達の道具だったのです。電気は、開園から五年後の昭和三十四年、電話はその翌年架設されました。「こんな耐乏生活をしながらも、市民みんなの野草園として、親しまれるようにと情熱を燃やしました。この鐘を見るたびに『初心忘れるべからず』と心に誓うのです」と菅野名誉園長は語ります。

昔々、動物園は評定河原にあった

八木山に動物園が移転してきたのは昭和四十年、もう四十年以上も前になります。その前は三居沢《さんきょざわ》に、もっと前は評定河原《ひょうじょうがわら》にありました。前の二つの名称は、動物園ですが、八木山は動物公園と呼んでいます。

評定河原の動物園の記憶は小学生のときの遠足です。門を入った正面にサル山があったように覚えています。評定河原の広瀬川が蛇行したところにコンクリートの塀で囲まれて動物園はありました。

「八木山動物公園年報」（一九九三）によると市立動物園は昭和十一年四月一日、全国で十一番目の動物園として開園しました。もちろん東京以北では初めての動物園です。

動物園がどんな経緯で誕生したのかについては、「仙台市交通事業史」に詳しく載っています。当時、動物園は市電と同じ電気事業の経営となっていました。今で言うと、交通局がバスや地下鉄と同時に動物公園も管理、運営しているようなものです。動物園を造ることによって十年前に創業した市電の利用者を増やそうという発想で、市電の景気づけの性格も感じられます。

昭和の初めは、娯楽の大衆化が進んだ時期です。映画、野球、公園などに人々が集まり、動物園設置の要望も出ていました。当時の渋谷市長は「地方文化向上のためにも、動物園のような観覧施設が必要だ」と議会で答弁していました。市では、動物園を作るならば場所は評定河原にしようと最初から考えていました。昭和八年からここで失業救済事業として埋め立て工事をしており、翌年完成しました。全部で一万八千坪、うち一万坪は東北帝国大学（現在の東北大）で取得を希望しており、残る約八千坪を利用して、動物園を建設しようというのです。

市では、昭和十年の二月議会に動物園設置予算として、建設費四万一千円、整地費六千円、動物費一万七千円の合計六万四千円を提案しました。ところが、年間八万円の増税案も同時に提案していたので、議員からは「増税までして動物園を作るほどの緊急問題か」

「今後、仙台は東部に発展しそうだ。動物園は評定河原ではなく東部がいい」などの意見が出され、結局、議会に特別委員会を設置、各地の動物園などを視察の後、やっとゴーサインが出されたのでした。

早速、その年の八月から建設工事が始まります。動物を入れる建物は、サルの放し飼い（サルが島）など三十カ所、ほかに事務所、売店、休憩所、給水設備などでした。動物をそろえるのは大変です。たまたま東京・浅草公園にあった花屋敷がゾウ、シロクマからオシドリまで三十五種、百点の動物をまとめて売りたいといっているという話が上野動物園を通じてもたらされ、買い求めました。このほか、市民からはクマ、ライオン、オットセイ、シカなどが寄付されました。

昭和十一年四月一日午前九時から開園式が行われました。この日の入場者は八千人でした。当日の河北新報は「仙台市の新行楽場、動物園、きょう開園式、広瀬の清流を渡る風もさわやか、十時過ぎ入場許可す。待ち切れず、押し寄せた子ら」と報道しています。

仙台市八木山動物公園園長を約二十年間務め、名誉園長にもなっている根本策郎さんの話によると、評定河原時代から、三居沢、そして八木山まで仙台の動物園はすべて東京・上野動物園園長として親しまれた古賀忠道さん（故人）の指導で造られました。評定河原にあったシロクマの池などは、特にすばらしかったと言います。

開園を記念して、仙台駅から評定河原まで古賀さんを先頭に、動物たちのパレードがあって前景気を盛り上げました。

開園当初の動物園を記録した八ミリフイルムが残っています。ビデオに転写したものが動物公園管理事務所に保管されており、見せてもらいました。

仙台の広瀬さんという方が家族そろって動物園に行き、方々の檻を見て歩きます。写っている動物は、ゾウ、シロクマ、オットセイ、ペリカン、ライオンの雄、雌、ヒョウ、クマ、ヤマアラシなど猛獣、猛禽類です。当初から市民の人気は高く、動物園と最も近い市電の片平丁停留所から動物園まで人の列が続いたと言います。

オープンの翌年、中国との戦争が始まり、太平洋戦争から終戦までは、戦時一色になります。動物園の入

評定河原にあった戦前の仙台市動物園

場者は、昭和十二年十七万人、翌十三年二十万人、十四年二十六万人と増加の一途をたどります。昭和十六年に米英との戦争が始まるとだんだん入場者が減るようになり、議会でも、動物園の存廃をめぐって論議が交わされました。

　昭和十九年二月の議会本会議で「食糧は不足しているし、この際動物園を廃止して、敷地八千坪を畑にし、市立中学の生徒、あるいは市職員で耕作したらどうか」との質問が出ました。ついで、三十二人の議員連名で廃止の意見書が提出され、賛成多数で採択されました。

　動物たちは食糧も満足に与えられなかった上、陸軍からは「空襲で檻が壊れて猛獣が逃げたら大変だ」と、動物の処分を命令されます。このため、シロクマ、ライオン各二頭、ヒョウ、トラ、ヒグマ、クマ各一頭の合計八頭（十二頭説もある）が殺されました。間もなく園内に慰霊塔が建てられました。その後、これらの動物がいた畜舎には豚二十五頭が飼われ、花壇や通路は野菜畑に変わりました。

もっと広い動物園を　市長が公約

仙台市動物園は、昭和二十年七月十日未明の、米軍による空襲で焼けてしまいます。実質的には前の年、猛獣類が殺されてから、閉鎖されていました。動物を見学するゆとりはどこにもない戦時下の毎日でした。動物園が復活するのは、それから十二年後の昭和三十二年です。食べることに精一杯だった時期が過ぎて、やっと余裕が出てきたころです。評定河原を迂回して流れる広瀬川の二キロほど上流の三居沢に広さ二千坪、「子供動物園」という名前でお目見えしました。

今、交通公園として使われている場所です。近くに不動尊や発電所、周りを桜並木が取り囲んでおり、清遊の地として市民に親しまれていました。

動物園と言っても、二十種類、五十三点の小動物がいる、小型の動物園です。園内では、子供電車、子供自動車も走っていました。その後、ライオン、ヒョウ、クマなどの猛獣も登場、三十八年秋には大阪府堺市からゾウのトシコが「里子」に来て、一応格好が付きます。最終的には六十八種類、二百六十八匹の動物園となりました。

しかし、敷地をこれ以上広げる場所がありません。昭和三十六年、島野武市長は、子供たちとテレビに出演、市政についての意見や要望を聞きました。席上「もっと広い動物園を造って下さい」と要望が出され、島野さんは、検討を約束します。「子供たちにうそはつけないからな」と新しい動物園構想の具体化を土木部に指示、自ら選挙の公約のひとつにもしました。

余談ながら、社会党市長の島野さんは人の話をよく聞く人でした。昭和四十五年、私が市政記者クラブに所属していたころ、市長との会見の席で、最近、野菜の値段が異常に高いと話題になり、記者から「国政の問題なのでしょうが、市でどうにかできませんか」と意見が出ました。「考えさせてくれ」と言った島野さんは、まもなく産地直送のトラックを仕立てて、安いジャガイモ、ニンジンなどを市内各地で販売しました。ここまではよかったのですが、市内の青果物商が反発

三居沢のころの仙台市動物園

して安売りを展開、時ならぬ野菜戦争になったことを記憶しています。

さて、新しい動物園の候補地は三カ所ありました。ひとつは、川内の追廻住宅のところです。かつて陸軍の練兵場があり、終戦後は戦災で家を焼失した市民に仮設住宅を建てて提供していました。あとのふたつは八木山でした。この中で、環境、広さ、値段と三拍子そろったところが今の場所でした。せちがらい時代に、土地の所有者紅久株式会社が結果的には十五町歩の土地を無償で市に寄付したからです。

少し詳しく言うと、今のアフリカ園の場所は、昭和初期、八木家五代目久兵衛さんが造った野球場の跡です。隣接する「市民いこいの場」は桜、モミジの公園で、これも同時期に久兵衛さんが造りました。完成後、いずれもまず宮城県に寄付され、後に仙台市に寄付されました。今回、動物公園の正面から北側に広がる土地も「紅久」が寄付することになったので、自由に使えることになったのです。

市では、このうちまず、正面門がある部分の六町歩を造成することにしました。昭和三十九年のことです。

「私が就任したときは、山にブルドーザーが入って工事真っ盛りでした。聞いた話では、基本構想として第一に自然をできるだけ残す。第二には『放養式』の動物園にしようということだったようです」と根本名誉園長は語ります。「放養式」とは、猛獣は別にしても、他の動物は鉄の箱で飼わないで、堀を間に観客と動物が向かい合う方法だそうです。

工事は、水を確保するために、井戸掘りから始まりました。先端にダイヤモンドの付いた掘削機で掘り進んでいるとき、ダイヤモンド部分が落ちて大騒ぎしました。市の担当は、建築課と公園課です。建物は、類人猿舎、猛禽類から開始、ラクダやキョン（シカ科に属する小型のシカ）、水鳥の家、サル山の順序で作られました。

昭和四十年になると、動物園の話題が新聞をにぎわすようになります。「八木山自然動物園が着工」「九月下旬には開園、仙台市自然動物園」といった具合で、共通しているのは、「自然動物園」と呼んでいることです。結果は「動物公園」となりました。あくまでも推測です。当初の案にどこかからクレームがついたものとみられます。

昭和四十年九月、三居沢から動物の引っ越しが行われました。なかでも、体重二トンのトシコは、大きな檻に入れられ、日本通運の六トン車で運搬されました。新しい動物園に衣替えするため、トラ、ハイエナ、チンパンジー、オランウータンなど二十三種類、五十七点をほかの動物園から買い受けました。海外からもキングペンギン、オオジロペンギンが船積みされ、開園一カ月後に到着しました。これで、同動物公園には合わせて八十八種類、約四百点の動物がそろいました。

夜来の雨も上がり、十月十五日午前十時から、開園式が行われました。向山小学校鼓笛隊百人の演奏から始まり、島野市長は「子供たちに約束した動物園が完成しました。野生の動物の保護、増殖設備を持った生きた教材の場です」とあいさつ、席上「相談役」古賀上野動物園長、広大な敷地を寄付した六代目八木久兵衛さんら十人に感謝状が贈られました。

翌日からどっと入場者が詰め掛けました。

サイやキリンを集めアフリカ園完成

仙台の動物園にとって、十月は何かと因縁のある月です。八木山の開園は昭和四十年の十月、三居沢に戦後、動物園が復活したのは同三十二年の、これも十月です。そして、八木山に最初の「アフリカ園」が完成したのは同四十四年の十月でした。

アフリカ園に入れられた動物は、日本で初めてのアフリカ水牛や、白サイ、マサイキリン、カバ、アオクビダチョウ、カモシカの一種トムソンガゼルのほか、別の場所にいたペリカン、チンパンジー、ミドリザルが移されました。

「総工費二億二千万円で、アジア動物園に隣接した広さ三ヘクタールの場所に作られた。ここは、昭和の初期に八木家が建設した野球場の跡で、元の景観を破壊しないように慎重に作業を進めた。見学者が、自然に動物の生態を見ることができるように設計されているほか、寝床を裏側から眺められるのも特徴である」と当時の新聞で紹介されています。

ここにある「アジア園」とは、昭和四十年に開園したときの第一期工事分を言います。計画では、アジアに生息する動物をひとまとめに、と考えました。「最初に作る部分だからゾウも、猛獣も必要だ」という意見が出て、結局アジア以外のものも入った混在動物園になってしまいました。アフリカ園はそういうことなく、アフリカのものだけを集めました。

新しく動物を入れるとき苦労があります。根本策郎名誉動物公園園長は「私たちの仕事は、必要な動物たちを世界各地から集めることなのです。アフリカからだとインド洋を通って来る船は、年に二回だけです。こちらで畜舎や獣舎を建てている途中で到着しても困る。アフリカ園のときは、キリンがオープンの五カ月前に着いてしまい往生しました」と思い出を語ります。

アフリカ園は、平成十一年六月、装いを一変して開園しました。目玉は「開放型の構造」です。アフリカの平原をイメージし、来園客が動物と同じ目の高さで見学できるのが特徴です。

以前は冷たいコンクリートだった飼育スペースは土に変わり、数種類の動物が共通して使える水場もあります。サイ、キリン、シマウマが太陽の下で一緒に生活している姿は、野生そのものです。動物公園では、「旧アフリカ園は、各種動物がコンクリートの壁で仕切られていた。動物を陳列しているような印象が強く、景観も単調だった」と反省しています。

環境の変化は、動物たちにもいい影響を与えているようです。仕切りをなくしたことで、行動半径が広くなり、違う種類の動物に触発されることもあるということです。より、自然に近付けたことで、動物同士が砂を掛け合うなどの行動パターンもふえているそうです。

こうした取り組みは、新しい都市動物園では、今や常識です。平成十一年四月に一部開園した横浜市旭区の市営動物園「横浜ズーラシア」のコンセプトは「生息環境の再現」。面積は八木山動物公園の約二倍、二十九町歩のところに、五十一種類の動物が飼われています。動物ごとに十分広いスペースを使い、それぞれの動物に合った生活環境を再現しています。動物は一種類ずつ区切られていますが、一部を除き檻のない開放型です。担当者は「世界の動物園で主流になりつつある環境教育に力を入れた」と話しています。

八木山動物公園のもうひとつの改善点は、見る側の視線に近づけたことです。これまでは、見学者が動物を見下ろす構造でした。今回は、三メートルほど盛り土をして、動物と同じ高さで眺められるようにしました。動物によっては、わずか五メートルほどの至近距離で見ることができ、あまりの迫力に「動物に何かされるのではないか」と近付けない人もいるそうです。見学者はまるで、動物たちと同じ平原に立った感覚で、疾走するシマウマや、キリン、ダチョウ、水中を悠然と泳ぐカバを間近に見ることができます。

動物公園では、平成十四年春のオープンを目指し、「猛獣舎」も改修します。トラやライオンの生態を、より野生に近い状態で見学してもらおうという計画です。大型動物を檻のなかに閉じ込めて「さあ見なさい」という時代は終わったのです。

さて、アフリカ園の一角に、かつて島崎藤村の詩碑が建っていました。日本近代詩の先覚者である藤村は、若き日、仙台の東北学院で教鞭を取りました。それを記念して昭和十一年に土居光知、岡崎義恵東北帝国大学名誉教授らが建立しました。

詩碑には「草枕」の一節「心の宿の宮城野よ　乱れて熱き吾身には　日影も薄く　草枯れて　荒れたる野こそうれしけれ」が刻まれています。

当初は、歌に縁が深い宮城野原に建てる予定になっていました。当時は陸軍の所有地で、兵隊の訓練場として使用していたのでままならず、八木山一番の高台に建立されました。しかし、動物公園ができてからは、入場料を払わないと詩碑を見ることができないので苦情が出ていました。そこで、昭和四十二年、仙台城の天守台のところに移しました。この移転には異論もあり、詩碑だけを動物公園から外して、散歩道を併設したらどうかなどの意見もありました。この場所が、都市計画道路の建設予定地だったので、実現は難しく、やむを得ず移転しました。

八木山の動物公園開園当日は２万３千人が詰め掛けた

見るから守る「ガン生態園」誕生

仙台の八木山動物公園に、昭和五十七年の、これも因縁深い十月、国際保護鳥シジュウカラガンを繁殖させるための「ガン生態園」と、孵化したガンのヒヨコを観察できる「ヒヨコの家」の二施設が完成しました。動物園が、保護団体と共同で、動物を見学する場所からもう一歩踏み出して貴重な動物の種の保存、保護、育成に手を広げた画期的な事業でした。

シジュウカラガンは、昔は仙台のどこででも見られました。伊達家から佐野藩主に婿入りした愛鳥家堀田正敦が作った「鳥類図鑑」には「仙台でガン類を十羽捕まえると、七、八羽がシジュウカラガンだった」との記述もあります。掘田自身「仙台にいるころ、一番多く見た鳥はシジュウカラガンだ」と語っていたとも言われます。昭和初期までは、仙台市の福田町や蒲生などに数百羽の群れが飛来していたそうです。ほおが白いことから地元では、「ホッカムリガン」の名で知られていました。

ところが、六十数年前からは、ほとんど日本に来なくなりました。飛来したとしても伊豆沼で、一冬二、三羽が観測できるだけです。動物公園に設けた「ガン生態園」は、日本とすっかり縁が薄くなったシジュウカラガンの増殖を図ろうというねらいから設置されました。

なぜ、姿を見せなくなったのでしょうか。八木山動物公園名誉園長の根本策郎さんは、こう説明します。「ガンは、千島列島やアリューシャンで繁殖して、日本で越冬、春には向こうに帰ります。ところが、太平洋戦争中、千島列島でキツネを飼育してから、シジュウカラガンが皆、キツネに食べられてしまう。第二次大戦後、米国がアリューシャンで調査して初めて分かったのです」。これは、大変だとなって、米国の研究所で卵を孵化させて、それをアリューシャンに放しました。

米国で成功したという話を聞いた仙台の鳥類保護運動家で眼科医の横田義雄先生（九十二歳）などが、当時の島野武市長に「シジュウカラガンの群れが舞う姿を、宮城県に取り戻したい。仙台でも、米国でやったようなことをしてみませんか」と陳情したところ、島野さんは「面白そうな話だね」と身を乗り出してきたそうです。そこで、昭和五十五年、動物公園と保護する会の共同研究がスタートしました。

昭和五十八年に種鳥がやってきました。この鳥が生んだ小鳥を伊豆沼にやってきた鳥たちと一緒に渡りをさせようと計画しましたが、春になっても沼に残る鳥が多くて、うまくいきませんでした。今度は、繁殖したシジュウカラガンの卵を、ガンの一種のオオヒシクイに孵化させて千島列島に放すことにしました。オオヒシクイを親だと思ったシジュウカラガンは群れに加わり、日本に帰ってくるのではないかというのです。

平成六年、ロシア領の千島列島エカルマ島が選ばれ、シジュウカラガンなどの放鳥を始めました。この島は、周囲二十五キロの無人島で、根室から九百キロの場所にあります。同九年の七月には、ロシア科学アカデミー生態学研究所、八木山動物公園職員が共同で島の北部でシジュウカラガン、ガンの仲間オオヒシクイを放つ実験と合わせて島内を調査ました。その結果、島には、シジュウカラガンのえさとなるイネ科、セリ科などの植物が豊富で、やぶが多いので営巣に適している、沢が多く水の確保が容易―など繁殖の条件がそろっていることが分かりました。また、島内で発見された約三十種の鳥の死体からはほかの動物に食われた跡が見つからず、キツネなどの天敵がいないだろうと推測されました。

初めて放鳥してから三年後の平成九年の年末、大崎市古川下谷地の水田で、日本雁を保護する会の会員が黄色い標識首輪を付けたたシジュウカラガン三羽を確認しました。三羽はその後、美里町などでも確認され、大ニュースとなりました。

三羽は、前年八月、繁殖地として適当と判断された同島で、八木山動物公園とロシア科学アカデミーカムチャッカ生態学研究所、日本雁を保護する会が共同で放鳥した三十三羽のうちの三羽でした。しかもこのうちの一羽は、八木山動物公園で繁殖し、ロシアに運ばれたシジュウカラガンを父に持つ「八木山二世」だということです。越冬のため、一千六百五十キロをはる

伊豆沼に姿を見せたシジュウカラガン（ほおが白い鳥）　「宮城の野鳥」より

ばる飛んできたのです。

平成十一年八月、米国内務省は、絶滅の危機にひんしていたシジュウカラガンが日米ロ三国の政府や、学者、非営利組織の努力の結果、繁殖に成功したので、「絶滅危機種」リストから削除すると発表しました。同省が、そのリストから外したのは、ハクトウワシ、ハヤブサなどに次いで四種目といいます。

ワシントン電は「米国内務省魚類野生生物局は、昭和三十七年、キツネなどの除去に取り組んだほか、一部を生殖に適したカムチャッカに送り、旧ソ連科学アカデミーに繁殖をゆだねた。日本でも『野生保護の会』や八木山動物公園が、ガンを繁殖地に導く保護策に協力、今では当初目的の四倍に達する推定三万二千羽に増えている」と報道しています。動物公園で、種の保存を目的に開始された「渡り鳥復元」計画は、十八年ぶりで成功したのです。

いたるところに亜炭坑が走っている

亜炭ってご存じですか。燃料革命でエネルギー源が石炭から石油に変わる昭和四十年代まで、仙台では、学校のストーブや家庭の風呂の燃料に亜炭が使われていました。大きい塊をチョウナで割って使います。ガスや電気の風呂に比べて、亜炭風呂はまろやかで、湯冷めしなかったような記憶があります。

今は、亜炭の知名度はぐっと低くなりましたが、仙台の向山、八木山、青葉山の地下には亜炭層が集中しています。おおげさに言えば私たちは亜炭層の上で生活しているのです。

もともと亜炭なんていう言葉はありませんでした。石炭と区別するために作った行政用語です。亜炭は石炭の一種で、炭化の低いものを言います。カシ、メタセコイア、ブナ、カエデなどの植物の幹です。八木山、青葉山一帯の地下にある亜炭は、約五百万年前のもので、外観は黒い褐色、木目構造の美しく現れている木質亜炭と呼ばれます。江戸末期、仙台藩の下級武士下山周吉が、青葉山で埋もれ木の原木を見つけて、「埋敷《かいしき》」という食べ物を盛る器を作ってから、足軽たちの内職になりました。明治には、仙台の特産品に成長、十二軒の製造所がありました。終戦後の昭和二十年代には十五軒もありましたが亜炭の衰退とともに減って、今は一、二軒あるだけです。

製法は、原木の亜炭を一年間ほど乾燥した後、職人が適当な大きさに切り、道具を使って加工されます。製品としては、お盆や銘々皿、ブローチ、壁掛け、鷹の像、ペーパーナイフなどがあり、土産物の店やデパートで求めることができます。八木家四代目久兵衛さんが、明治のころ大邸宅内に造った家が総埋もれ木だったことは、前にも紹介しました。小さなものでも結構値が張りますから、家一軒分となると、とてつもない価格だったことでしょう。

亜炭を掘るために、明治から昭和にかけて、八木山の地下は縦横無尽に坑道が走っていました。今はすべて廃山となり、野草園にある亜炭坑の模型で昔をしのぶくらいです。たびたび引用している向山小学校社会科研究部編集の「向山付近の地誌概要」に、明治から昭和初期にかけての「越路付近亜炭坑の状況」が載っています。八木山や向山、大年寺山の地下にどんな坑道があったか、起点、方向を含めて記されています。

それによると、向山だけでも鉱区は二十五、六あり、現在の向山小学校、向山高校、伊達家ゆかりの大年寺山の地下にも坑道があったことが分かります。

　亜炭鉱は、それぞれ経営者が地下に鉱区を設定して通産局に申請、許可を受けて採掘を始めます。多くは個人経営による亜炭鉱区で、主な鉱区には沼倉、宛名倉、金剛沢、石倉、二ツ沢、大年寺山、米とぎ沢、竜ノ口、青葉山などがありました。

仙台名産として有名な埋もれ木細工のなかの「タカの置物」

　このうち、歴史が古く、規模も大きいものに、大窪谷地にあった遠藤さん所有の亜炭鉱があります。明治二十八年の創業で、総面積は十万坪と言われます。当時は、八木山地区の山に、亜炭鉱所有者の名前を付けて呼ぶのが普通で、遠藤山、佐伯山などと言いました。

　仙台市太白区恵和町、土木会社経営手嶋弘さん（七十一歳）も亜炭鉱経営者のひとりでした。おじいさんが三本木町で亜炭採掘を始めてから三代にわたって亜炭鉱を経営してきたベテランです。手嶋さんは、昭和二十五年に八木山の一部の権利を取得、十五年間仕事を続けました。当時は、八木山だけで二十社ほどの業者がいたそうです。手嶋さんから聞きました。

「亜炭層は、一口で言うと畳のように、平らな薄い層が地中に横たわっているのです。地質図や地上の露出した部分から狙いを付け、一メートルほど掘ってから、鉱区に沿って進みます。ツルハシとスコップが道具で、掘り出したものは、トロッコで坑口まで運搬します。最盛期には二十人ほどが働き、一日馬車で三、四台は出たでしょうか」

八木山には、たくさんの亜炭鉱の跡があります。天災、水害、地滑りなどがあっても、安全性は大丈夫なのでしょうか。手嶋さんは言います。「そりゃ心配はありません。亜炭鉱は地下十メートルも、二十メートルも深いところにあります。しかも掘るときは、がむしゃらにやるわけではなく、炭柱と言って、ところどころ亜炭層をそのまま柱として残しておいてあります。少しくらいの地震でびくともしません」。

亜炭鉱は、あちらにひとつ、こちらにひとつと事業所が点在していました。入り口の近くにできるズリ(岩屑)の捨て場も連続しません。したがってズリとズリの間には水がたまって湿地になります。鉱山労働者の集落は、その近くにありました。

向山、大窪谷地、若葉町などには、赤や白い屋根のトタンぶき、草ぶきの住宅が建っていました。これを亜炭小屋、亜炭長屋と呼んでいました。ここの子供たちは、向山小学校に通学しました。「向山付近の地誌概要」には、「亜炭鉱夫の子」という差別感をもって見られ、その子供たちにいわれのない屈辱感を与えた期間が続いたとの記述があります。亜炭鉱で働く人たちは、仕事がら、炭塵にまみれて帰宅します。そのにおいは、家族の衣服にもしみわたります。自然と炭塵のにおいのする服を着て行くようになり「くさい」と言って、いじめる子が出てきたのでしょう。

昭和四十年代、エネルギーが石油に変わってから亜炭が売れなくなり廃山が続出、亜炭労働者は転職が相次ぎました。ぼた山の子供に対する差別意識もそのころになると無くなってしまったと言います。

宅地造成の波が

みんな長町越路　郵便屋さん困った

戦後、八木山とその周辺地区で最初に住宅建設が始まるのは、八木山緑町、八木山香澄町、向山二丁目、萩ケ丘あたりからです。いずれも八木山の登り口に近く、街に出やすい所です。

仙台市は、昭和四十四年四月、「仙台市住居表示に関する条例」で、活発な宅地造成が行なわれた市北東部旭ケ丘地区に次ぐ第二弾として、九つの新町名を誕生させました。このうち八木山地区とその周辺では、従来の古い町である向山、霊屋下のほかに、八木山香澄町、八木山緑町、八木山松波町、八木山弥生町、萩ケ丘の七つの町で実施されました。八木山地区の合計は約千二百戸、三千八百五十人でした。

宅地造成が始まる前は、ここは緑あふれる、静寂な所でした。前からあった施設は東北大学地震気象観測所（現在の国際学生会館の場所）、仙台市向山小学校、国立仙台電波高校（現在の向山高校の場所）、東北大日就寮など。萩ケ丘の上には昭和二十九年、仙台市野草園が開園しています。住宅は数えるほどしかなく、緑町に昭和初期に作った二十二戸と香澄町に四戸、動物公園付近に一戸、それに戦後、新天地を求めて移住してきた開拓者の家が点在していました。

一面の松林、雑木林だった所に住宅が立ち並び、住人が増えてくると、まず困ったのは郵便の配達さんでした。なにしろ、大半が長町字越路という地名です。同じ番地に百軒を超す家があり、ご丁寧にも近くには越路という町もありました。新しい町名の必要性が分かります。

戦後、八木山で大規模な宅地造成が行なわれた一番手は緑町でした。人家のない所に家が建ってくると、どんな問題が起こるのか。どう解決して行ったのか。格好の例です。詳しく点検しましょう。

宅地造成した場所は、向山高校、向山小学校の南隣の緩やかな東向きの斜面で、山の所有者八木家のものでした。昭和二十七年から造成が始まり百戸近くの家が建ちました。内訳は、郵政省簡易保険局の「簡保住宅」が土地を二十戸分、国鉄（現在のＪＲ）が職員に

八木山地区の大掛かりな宅地造成は緑町から始まった

分譲販売した「国鉄住宅」二十二戸、それに、八木家が販売した宅地は約五十戸でした。

紅久の会長八木栄治さんは「当時、そろそろ市の周辺で宅地造成が始まったころで、山でもどうだろうと話になった。宅地造成なんてやったことがないから、だれも分からない。松や杉の雑木を切り倒し、斜面の土地に二本の道路を作ってから、宅地を細かく割っていきました」と話しています。

造成工事は野呂建設の手で進められました。八木山香澄町、同社代表取締役野呂貞敏さん（八十歳）が独立して初めての仕事でした。

「当時はまだ人力で、ツルハシ、シャベルで土を掘り、掘り出した土砂はリヤカーに積んで運搬しました。毎日三、四十人の作業員が出て、半年くらいで整地を終えました。勾配がなだらかで、この後から造る団地に比べたら楽な方でした」「宅地造成法で、規制が厳しくなる前だったので、道路の幅とか、緑地率とかの規則もなく、市とのやり取りも、道幅は五メートルにならないかなあ、いや、四メートルが精一杯です、などという程度の行政指導でした。一戸平均の広さは七十坪ぐらいだったでしょうか」

水は簡易水道　バスも山の下まで

国鉄（現ＪＲ）が、職員に販売した八木山緑町の宅地の分譲を受けた一人に千葉義二さん（故人）がいました。国鉄勤務の後、市会議員、八木山翠会の町内会長を務めた方です。

「国鉄社内では、ここの二十二区画に百三十人の申し込みがあり、私は選に漏れたのですが、当選者が次々に辞退して順番が回って来ました。現地見学の人たちが、あんな交通の不便なところはだめだと言い出したのです。宅地五十八坪に六十万円を支払った記憶があります」

現地を見て、空気はいいし、静かではあるが、尻込みする人が出たのは当然です。生活と切っても切り離せない交通の便が悪く、水道の問題があったからです。隣には、昭和の初めから住んでいる二十二戸の家がありました。前にも触れましたが、山の総合開発を手掛けた八木家五代目久兵衛さんが、野球場や遊園地、公園などを造るために幹線道路を設けた際に賃貸住宅を作りました。このほかに、今の八木山香澄町などに数戸の住宅があり、これが八木山の全世帯でした。

したがって、市バスが山に登って来るはずはなく、向山まで降りて行ってバスに乗らなければなりません。水道は、昔から住んでいる人たちのための簡易水道があるだけです。多くの住民が増えたら、もうひとたまりもなくパンクしてしまいます。

これらの問題を解決するには、行政の力が必要です。推進力になって活躍したのが新旧住民たちが一緒になって設立した八木山文化都市建設協会です。戦後間もない昭和二十二年に結成された八木山水道利用組合、その後の八木山クラブが前身です。古くからの住民と、新しい住民が融合して、共同で取り組むことができたのは、いずれも八木家所有の土地だったことにも理由がありそうです。

水道、バスといった大問題から防犯防火、観光など幅広い活動をしました。名称が「文化都市建設協会」というのも時代を反映していて、なつかしいですね。当時は、これからの日本は文化国家にならなければ、と言われました。おそらくこのへんが名称の由来になったのでしょう。

運動の結果、これまでの簡易水道が市水道局の所管に変わりました。新しい団地ができる前は、現在の東北工大高校グラウンドの場所にあった清水沢から鉄管で水を上げ、タンクに貯めて各家庭に給水する方法でした。昭和二十九年に水道管が、市のものと直結、三十六年には、現在の八木山集会所のところに大掛かりなタンクが設置されました。

市バスが八木山神社前まで登って来たのは昭和三十一年八月一日です。仙台市交通局発行「仙台市交通事業五十年誌」に、次のような記述が見られます。「当時、八木山神社付近は、住宅地と変わり、会社の社宅なども建てられたが、バスは通っていなかった。このため、八木山入り口から八木山神社前までの一・二キロを延長して八木山線を開設した。仙台駅からの距離は四・二九キロである」。開通の日、町内会は、記念に子供たちのためにキャラメル百五十人分を用意しました。終点には三百人も押しかけ大混乱したと、当時の河北新報は報道しています。

当初は、午前、午後一本ずつの小さな路線でしたが住民の喜びは大変なものでした。八木山弥生町にお住まいで、当時、仙台郵政局で簡易保険の仕事をしていた岩間馨さん（九十歳）は「せっかくバスが来たのに、乗客が少ないという理由で廃止されたら困るので、町内会でバスに乗る運動をしばらくやりました。確か、仙台駅前までの運賃が十円と記憶しています。町内会で負担して、用事もないのに交替で乗ったものでした」と思い出を語っています。

心配は危惧に終わりました。バスは、廃止どころかぐんぐん延長され、今では市内で最も本数の多い場所のひとつになっています。その話はまた別のところで致します。

文化都市建設協会のやったことは、ほかにもまだまだあります。当時は、道路は未舗装で、雨が降るとどろんこ道になります。その補修に、国鉄長町機関区から石炭の炭かすをもらって来てまきました。トラック二百八十台分もあったそうです。このほかに、ハエや蚊退治の薬品散布、「火の用心」と町内を回る防火運動、映画大会、麻雀大会、地域住民と東北大学「日就寮」学生との交流もありました。いずれも住民総参加、皆で街づくりに取り組んだのです。いま、鎮守の森と

鎮守の森、八木山神社

して親しまれている八木山神社を創建したのも、同協会でした。

神社の土地を、バス開通二年前の昭和二十九年、八木家から借りて造営しました。ご神体は、八木家が大正十四年、山の開発に先立ち創建した越路神社の分霊、山の神、火の神、水の神と、大峯神社、それに水神です。大峯神社は、八木家が建設した野球場の近くにありました。水神は、何度も紹介した、八木山に古くから住んでいる人たちの水源地、清水沢にありました。生命の水の神様として、尊敬されてきたのです。

したがって八木山神社に祭ってある神様は、家内安全、五穀豊穣、身体建全、学業成就、安産、商売繁盛と、あらかたの願いはかなうようになっています。元朝参り、どんと祭りのほか九月の祭礼の日には、参詣する善男善女でにぎわいます。大昔からあったように思いがちなこの神社も、戦後、地域の人たちが力を合わせて作ったのです。

新町名をどうする　英知を集めた

八木山とその周辺地区の団地がどのように拡大していったかは、向山小学校の児童数の増加ぶりを見ると分かります。太平洋戦争が終わった昭和二十年の児童数は七百三十九人でした。緑町で宅地造成が進んだころは九百三十九人に増え、三十五年には千五十三人、四十五年になると千三百九十六人になりました。このころ、仙台の郊外では、山を削り、谷を埋めて団地造成が各地で始まり、市中心部の人口が減って郊外の人口が増える「ドーナツ化現象」が起きていました。人口急増のあおりで郊外では、交通、水道、ごみ処理などの問題とともに小、中学校の教室不足に悩まされました。

向山小学校ではプレハブ教室を作りました。それだけでは足りず、職員室、保健室、理科室をつぶして普通教室にし、ついには校長室までを転用、校長先生や先生方の部屋は廊下の片隅や階段の下を利用しました。昭和四十六年五月に、八木山小学校が開校し三百五十二人が移ってやっと解消します。

そのころ、新しくできた町に、萩ケ丘があります。千八百人、四百六十世帯。向山・黒門下から野草園に向かって登っていく坂道沿いの町です。かつては亜炭掘りの小屋と開拓農家が数戸、松林の中に点在していました。昭和二十四年、愛宕中学校が建てられ、十年後、その周辺から本格的な団地造りが始まりました。市バスが、昭和三十五年に野草園まで一日四往復運行されるようになり、人口増加に拍車がかかったことでしょう。

萩ケ丘の地名は、造成した業者の名前を取って「小林住宅」と呼ばれていたころの愛称でした。付近には、野草園があり、大年寺山の風致地区で勝手に樹木などを動かすことはできません。市は、中学校付近の宅地造成を認める条件として、約三千本のハギを植えることを義務付けました。そんな因縁もあって、町名変更の前から町内会の名称は「萩ケ丘町内会」、新町名もすんなり引き継がれました。（河北新報昭和四十四年八月二十二日付）

野草園に向かう途中にある萩ヶ丘

萩ケ丘とともに新町名を実施した町のひとつに、八木山香澄町があります。七百五十人、二百世帯です。同町、野呂建設代表取締役野呂貞敏さんの記憶では、大規模造成の前に、旧河北新報社宅用敷地の場所に、逓信講習所寄宿舎「清明寮」と職員宿舎のほかに、緑町、香澄町にまたがって三十戸ほどがありました。逓信講習所は、昭和二十年七月の空襲で焼失してしまいます。

「あたりは松やモミの樹木が茂っていて、野ウサギ、リス、それにいろいろの野鳥がやってきた。野鳥は今も来ますが、もっと数も種類も多かった」と、岩間馨さんは語ります。そんな場所にも次々、住宅団地が広がっていきました。野呂建設の資料によると、昭和三十一年、河北社宅前の畑に県の分譲住宅十五戸、さらに近くに八戸、翌年には向山高校から八木山入り口までの間が開発されます。同年から三十六年にかけて、さらに奥の弥生町、松波町の分譲が行われ、遅れて三十八年、清水沢を埋め立てて東北工業大学電子高校（現在の同大学高校）グラウンドと、周辺に同学校で造成した宅地が分譲されました。昭和四十一年、弥生町は人口七百人、百八十世帯、松波町は四百五十人、百二十世帯の町になりました。

三つの町内会では、どのようにして町名が決定したのか。当時の河北新報の紙面から紹介します。

香澄町では、町名が決まる五カ月ほど前から、会合がひんぱんに行われました。山の開発に尽力した八木家の名前を取った八木山の呼称を残すことに異議はありませんでした。が、その後が続かない。結局まとまった第一候補は「桜町」でした。当時は、八木山入り口からずっと桜並木になっており、そこからの発想でしょう。この案には早速反論が出ました。「町ができたばかりで、どんな町に成長するか分からないのに、桜町ではピンクに通じる」というのです。それでは、霞町では、となりました。「これも町がかすんでしまう。かすみとともに消えるなんて縁起でもない」とオジャンに。住民の意見を集約して、かすみはかすみでも香澄にすることで決着しました。

弥生町の地形は半分すりばち状になっています。すりばちの縁になっているところが、山の稜線で、バスが通っている商店街です。町はほとんどが南向きの斜面にあり、日当たりが良く、気温も比較的高いので、自ら弥生町とすることに決まったそうです。弥生は陰暦の三月で、一年中で気候の最も温和な季節と言われます。名称も、これにあやかったものとみられます。

松波町は、当時四百五十人、百二十世帯が住んでいました。この町は、松波町バス停留所から南側にあります。自然の松林を切り開いて造成した町で、新町名公募のとき、文句なく選ばれました。松波は、松風の音を波の音に例えた言葉で、松濤とも言い、奥ゆかしさのある町です。

この町に昭和三十九年から住んでいる三瓶久利さんも公募のとき、弥生町と書いたひとりです。三瓶さんから「自宅の背の道路両側の見事な松並木。当時、空気の澄んだ日には遠く太平洋に面した閖上《ゆりあげ》方面に白い波濤が見え、眺望のすばらしさに感動し、ひっかけて松波町（第二案は松浪町）はどうかと、応募しました。以来、町名は私が名付け親だなどと誇らしげに語ってきました。本当に私の案が採用されたのか、ほかにも同じ名前を応募した人がいたのか実は、気にしているのです」というお便りをいただきました。

この町ができたころ、水道がなく、住民は、ちょっと前に誕生した電子高校がボーリングして確保した水で生活したそうです。電子高校では、各家庭にメーターを付けて、それによって料金を徴収しました。

校舎が間に合わず半年も仮住まい

今の東北工業大学高校の前身である、東北電子工業高校が松波町に誕生したのは、昭和三十六年の新学期です。校舎建設が間に合わず、入学式はもちろん、しばらくは授業も市内の郵政省所有の建物で行われました。

八木山が、仙台の文教地区と呼ばれるのは、小学校、中学校、動物公園、野草園、県中央児童館、放送局だけでなく、高校、大学のある町だからです。東北工業大学や付属高校の創設は、八木山のイメージアップに役立っています。

電子高校の設立には、無線関係の私立学校の廃校があり、背後には郵政省の影が見えます。昭和三十四年、無線従事者育成をうたう各種学校の東北電波学校は、財政難から開校五年で廃校の声が出始めました。日本経済が高度成長をとげるのは、この後です。市内の有力者からは「東北でも数少ない専門の教育施設がなくなる影響は大きい」と困惑の声があがりました。

東北電波監理局（今の東北電気通信監理局）は、無線行政の元締めです。同局に勤務していた太白区本町二丁目、会社社長岸田清さん（七十五歳）は、昭和三十五年ころから、電子高校だけでなく、工業大学の創立にも関係するようになります。岸田さんは、監理局から派遣されて東北電波学校の講師もしていました。学校創立の業務が忙しくなると、役所もやめてしまうほど情熱を傾けました。

当時、教育関係者の間では、高校を設立するとしたら二年の準備期間と二億円の資金が必要だと言われていました。学校の場所、教師陣、設備、資金など問題はいっぱいありました。

資金は、財団法人郵政互助会（本部・東京）から二億円を捻出してもらうことに仙台郵政局（現在の日本郵政）、全逓東北地方本部との話し合いで決まりました。そんなことから、学校法人・東北電子学院は、設立時は、郵政労使関係者が理事におさまり、理事長のポストは郵政官僚が天下りしていました。学校の候補地として選ばれたのは、松波町にある八木家所有の土地です。バス通りに面したところが松林、その下は谷になっていて、約一万坪が手付かずのまま残っていました。このうち、六千坪を造成して学校用地として使いたいと八木家と交渉しました。

昭和初期、山を開発した八木家五代目久兵衛さんは、教育に熱心で、山に教育施設を誘致しようと働きかけています。八木家が山を取得する前の大正二年、東北帝国大学理科大学の気象地震観測所が、向山小学校のところに設けられ、後に今の東北放送の前に移ります。このほかにも五代目久兵衛さんは現在の東北放送の敷地約一万坪を「仙台商業校舎建設のために」と市に寄付しています。東北学院の八木山移転の計画もあったといいます。そんなことや六代目久兵衛さんが、学校法人・東北電子学院の理事をしていた関係もあって、またたく間に売買契約が成立しました。土地の値段は、坪四、五百円だったと岸田さんは記憶しています。

昭和三十五年十二月、知事から高校の設立認可が下り、翌年四月から授業が開始されます。もっとも八木山に建設中の鉄筋三階建ての本校舎一期工事が完成するのは、半年後の同年十月で、この間は間借り授業が続きました。初代校長は東北大教授で工学部長を務めた後、県知事に当選した宮城音五郎さんです。宮城さんはこの後、昭和三十九年新設される東北工業大学の初代学長に迎えられます。水力学、液体力学の先覚者で、ユーモアあふれる学者だったそうです。

最初の入学生は、電子科、無線通信科、修了年限一年の別科（ラジオ、テレビ科）、それに旧東北電波学校からの委託生五十一人を合わせて四百六十九人でした。東北でも珍しい工学系私学です。将来は大学設置の予定もあるという入学案内に関心が集まったのか、県外も含めて九百二十五人が受験しました。

創立のころの仮校舎の思い出を、その後、第七代目の校長を勤めることになる大友正雄さんが「東北工業大学二十五年史」に書いています。「建物の内部をベニアで仕切って若干の照明、黒板などを備え付け、教室や事務室などにした。室内は薄暗く、隣の授業の様子が筒抜けだし、人が歩くたびに廊下のきしむ音が気にかかった。職員も生徒諸君も、早く新校舎ができればいいと待っていた」。

もっとも深刻だったのは、体育の授業をする場所がなかったことです。生徒たちはグラウンドを求めて、現在の動物公園アフリカ園のところにあった野球場ま

開校２年目の昭和37年には、こんなに整備された

で足を運ばなければなりませんでした。同校の尾形和洋教頭先生は「学校から往復三十分。皆ふうふう言いながら走って行ったものでした。あのころ、先生方も皆若く、生徒の兄貴分といった感じで生徒との交流もうまくいきました」と語っています。

グラウンドは、清水沢と呼ばれる水源地の沢を埋め立て造成しました。ここも八木家の所有で、電子高校が一帯を買い取り、このうち約七千坪をグラウンドに充てました。大雨などで土砂が堤防を破って下流に流れ出したら民家に被害を与えます。堤防の設計値を基準を大幅に上回る堅固なものにしたそうです。

学校法人東北電子学院は、グラウンドとして造成した以外の土地約二万三千坪を宅地造成して販売しました。東北放送と電子高校グラウンドの間にある香澄町がその土地です。「いやあ、この団地分譲がもうかりましてね。経費を差し引いても何と二億円の収益を出しました。二億円ですよ」と岸田さん。もっとも別の数字もあります。「東北工業大学二十五年史」には「団地造成で売却して一億円を得て、これで（東北工大）用地を五千万円で買い」との記述が見られます。いずれにしろ、大学設置の大きな資金になりました。

ポスターには「大学設置の予定」

東北電子工業高校を経営している学校法人・東北電子学院が大学設置に踏み切ったのは、昭和三十八年のことでした。電子高校誕生二年後の同年四月八日、東京で開いた理事会、評議員会で決定したのです。

当時の議事録が残っています。「東北工業大学の設置に関する件。宮本武夫理事長が、設置学部は工学部電子工学科（入学予定五十名）、通信工学科（同五十名）、四年制で総定員四百名とし、昭和三十九年四月開学予定であると述べ、全員異義なく可決した」。

大学設置の話は、電子高校発足時から出ていました。生徒募集のポスターにも「将来、大学を作る予定である」とはっきり書き込まれました。ところが、実際はそんなに甘くなかったのです。たびたび引用している「東北工業大学二十五年史」に、創設のころを語る座談会が掲載され、その中で学校法人の専務理事をした中村権一さん（故人）が、こう発言しています。

「（大学設立を）私が郵政互助会にお願いに行ったところ、牧理事からしかられました。互助会では、当初から大学を作る考えはなかったのです。しかし、ポスターで父兄は皆知っているし、昭和三十七年、大学は作らないと分かると、父兄たちが騒ぎ出し、PTA総会で私は突き上げられました。その後、重ねて私は牧理事に対して、生徒募集の際、大学設置予定と書いてあるので、生徒、父兄が期待するのは当然だ、とお願いしました」。同じ座談会で、当時の郵政互助会調査課長は、互助会が消極的だった理由として、毎年の賃上げで互助会の財政が困窮し、目的がいかに崇高でもそこまで手が回らなかったと話しています。

大学の開学は、昭和三十九年の新学期です。ちょうど高校に最初に入学した生徒たちの卒業と重なり、東北電子高校からも七十三人が進学、高校、大学の一貫教育が実現しました。最初の入学生は電子工学科五十七人、通信工学科五十六人のこぢんまりしたところから始まりました。その後、建築、土木工学、工業意匠の三学科が増設されます。

初めての入学式で、宮本武夫理事長は「本学は、弱

東北工業大学のキャンパスは学生であふれている

電工業の分野で指導的役割を担う技術者の養成を目的に開学した」とあいさつしています。また、付属高校の校長から、大学の初代学長に就任した宮城音五郎さんは「社会、国家にすぐ貢献できる人材の教育を根本方針としたい」と大学新聞の創刊号で述べています。

理事会で、大学設置を了承したのは、三十八年です。前年から水面下の活動が始まっていました。当時、大学設置準備室長をしていた岸田清さんは「認可してもらうため、毎週のように文部省に行って手続きをしました。仙台で申請書の原稿を書いて、大急ぎで印刷し、飛行機で羽田まで行きました」と語ります。大学設置基準に適合するように、資金、校舎、教授、諸設備などについて文部省に提出した書類は、最終的には小型トラック一台分にはなろうかという膨大なものでした。

大学の場所は、電子高校と隣り合わせになっている現在の場所に決めました。八木家所有の土地で、梨畑になっていました。教授陣の確保には、東北大学の協力を求めて毎日、学内を歩いたそうです。吉田賢抗先生が、招かれて工業大学で倫理学の講座を担当するなど、快く協力してくれる先生も増えてきました。

西部劇でもやるようなところだった

八木山に新しい住居を求めて移ってきた人たちが、連合町内会を結成したのは、昭和四十六年。名称は八木山地区連合町内会です。完成したばかりの団地では道路、学校、水道、交通、防犯など、どれを取っても重要な問題が未解決になっていました。力を合わせて一つ一つ解決して行った様子は「拾年の歩み─八木山地区連合町内会十年史」に記録されています。

連合町内会に参加したのは、千三百二十五戸。松が丘、八木山曙町、恵、緑花会、若葉苑、青葉苑、大塒の七つの町内会です。昭和三十年代後半から四十年代にかけての造成で、「新都市計画法」施行前の団地でした。いずれも八木山小学校の学区にあります。

「十年史」の後半部分には、住民から寄稿された四十九本の「思い出」が掲載されています。引っ越してきたときの状況、問題をどう解決して行ったかなどが、生き生きした文章でつづられています。

松が丘、菅原幸蔵さんが、家族そろって八木山の土地を見に来たのは、昭和四十二年春です。一緒に来たおかあさん（昭和五十四年没）はあたりを見て「まるで西部劇でもやるようなところに家を建てるのは反対だ。病気になったら病院もない。電話だってすぐは取り付けられないだろう」と言うので、新築を断念しました。二年後、豪邸と商店街と個性豊かな住宅が立ち並び、面影が一変していました。小雪の降る寒い日、無事上棟式を終え、おかあさんも上機嫌でした。

ここを永住の地に決めた理由は、南斜面に整然と区画された落ち着いた住宅地であること、太陽ときれいな空気、緑に包まれ四季の変化がよく楽しめること、高台からは太平洋が一望され、仙台港を出入りする船が眺められ、夜景も格別な味わいを見せてくれるからです。

桜木町は、東北放送会館の前から下ったところで、大部分は「越路恵通苑」として売り出されました。昭和四十三年施行の新都市計画法以前の造成で不完全な面が多く、住民の手で悪条件を克服してきました。

同町、早福輝三さんは、「桜木町の歩み」の中で、入居当時、各家庭に電話はもちろん、水道も都市ガスも入らず、水は東北電子高校からもらい水だったこと、広々とした台地に街灯が十本程度しかなかったことを記し、昭和四十二年、二十戸たらずで八木山曙町内会を結成。昭和四十五年、電子高校裏の通学路完成、同四十七年、団地内にイチョウ、ライラック、ミヤギノハギ、カエデなど百六十三本を植樹、同四十八年新町名で桜木町になったほか、団地内の道路の市道編入、街路灯整備、危険区域のアパート建設阻止などの運動をし、成果があったと述べています。

　恵和町の千田久さんも、昭和三十九年引っ越し当時、水で苦労したひとりです。団地を造成した会社の水源として、青山二丁目にポンプ小屋があり、地下水を汲み上げて給水していました。来年、市の水道が通るからというので、家までゴムホースをはわせました。風呂を満杯にするのに三時間はかかったそうです。

　市バスが登ってきたのは昭和四十年六月です。それまでは、八木山神社前か、緑ケ丘まで行かなければなりません。雪が降るとバスがあがってこないので向山まで歩いたものです。バスがない、本数が少なくて苦労したという話は、いろいろの方が書いています。少しわき道にそれますが、大量交通機関としてのバスが、八木山地区でどのように展開して行ったかを検証しましょう。それを知ることは、団地発展の歴史を改めて理解することになるからです。

　「仙台交通事業五十年史」で調べると、八木山神社線（昭和三十一年）、野草園線（同三十五年）に次いでバスが山へ来るのは緑ケ丘線（昭和三十七年）です。当時、緑ケ丘には南斜面に十万坪、隣接して二十万坪の団地造成が進められていました。すでに八百戸が完成、最終的には二千五百戸の大きい団地になることが予想されたので、市役所前から鹿野屋敷経由緑ケ丘まで一日二十八往復の運行が始まりました。

　動物公園循環線が動き出すのは、開園当初の昭和四十年十月ころです。仙台城址と八木山を結ぶつり橋も永久橋に架け替えられました。城や動物公園を訪れる観光客の利便も考えて仙台駅を中心に循環するバスを一日二十六本設定しました。

　緑ケ丘線が長町恵通苑まで延長されたのは、昭和四十年六月です。「交通事業史」には「当時、ここには

静かな桜木町の町並み

十万坪の土地に一千戸を造成中で、すでに四百戸が入居していた。しかも路線延長の隣接地には松が丘、北側に国鉄団地を挟んで八木山住宅地、北西側に東南苑団地、南側は西の平の住宅街が続いていた。バス路線は、それら団地群の真ん中に乗り入れるかたちになった」と記されています。

四十二年になると仙台駅から動物公園を経て松が丘、緑ケ丘に至る松が丘線が一日十八往復新設され山の交通はぐんと便利になります。「松が丘団地は動物公園の南側一帯に広がる大団地で総面積四十万坪、四千戸を造成中で、当時すでに百戸が入居していた」と交通事業史にあります。

八木山南団地にバスが通い出すのは、昭和四十八年十一月です。動物公園前から一・六キロ延長されました。ここには、八木山南土地区画整理組合が一千戸約四千人の南団地を造成したので当初は一日四往復、後に八往復に増やされました。

今では、八木山神社前から仙台駅方面に行くバスは一日百六十五本あります。昭和三十一年、同神社前まで初めて山に登ってきたとき日に四往復だったバスは、約四十年間で四十倍以上に増えています。

雑木林が次々と団地に変わった

八木山地区連合町内会の「十年史」に寄せられた「思い出」をもう少し紹介しましょう。

「つれづれの記」を寄せた当時の恵和町町内会長の千葉廣平さん。

「ざっと十万平方メートルはある大塒三十番地に、合計五百戸の住宅建築を目標に造成されたのが恵和町と若葉町の一部だそうです。造成には昭和三十六年から三、四年かかったと言われます。私たちが移住したのは、昭和四十年ですが、そのときすでに、百戸以上の家が建っていました。

翌年、町内会が結成され、皆で環境改善に取り組み始めました。町内の西大通りから境通りまでの四本の通りと、バス通りを「恵和苑本通り」として横の一区切り道路一号通りから南へ十三号通りまで道路に名称を付けたのが昭和四十一年です。これで、お互い便利になりました。

ここは、よその団地に比べて家の建つのが早かったようです。昭和四十一年百三十戸、四十三年になると二百戸を超えていました。朝晩顔を会わせているのに、名前も知らないでは、何かと不便です。昭和四十三年には親睦町内会大運動会をやりました。またその翌年からは定期的な清掃日を設けて、清潔な町づくりを目指して活動を開始しました」

当時、根岸国鉄自治会長をした谷富穂さんの「所感」から。

「退職の四、五年前から永住の土地探しに仙台周辺を歩き、国鉄（現在のＪＲ）あっせんの八木山、かつての長町字根岸の現在地に落ち着くことになった。自然環境は満点で、しみじみとありがたさを感じている。しかし、ここはかつて一面の山林地帯であり、特に根岸国鉄団地は深い谷底で沢、沢の連続であった。造成には特段の苦労があったかもしれない。それにしても道路の狭さ、取り付け方など、だれが考えても永久に悔いの残るものである。自然環境は仙台一であろうが、生活環境に至ってはまことに悪い。

この十年間に大きな喜びが三つあった。ひとつは、町名改正で長町字根岸から一挙に青山に変わったことで、まるで東京にでも住んでいるような気がした。第二は、道路舗装である。移住当初は毎日、どろ靴で通勤し『どこの田舎から来ているんだ』と言われたが、やっと仙台の人になったような気がした。三つ目は、人との出会いである。ゲートボールに仲間入りして豊かな人間形成が確立されたようだ。県大会に出場して三度も優勝している。あの後の一杯は永久に忘れられない」

「八木山眺めて三十年」という文を寄せている、みつば町内会長の柳沼俦さんは、昭和二十二年、開拓農民として八木山に入植しました。

「当時、ここは雑木林とササが生えている原野でした。私の家の裏の山には、日本軍の砲台があったとかで、空襲のとき米軍の飛行機が落とした六角の焼夷弾が数多く残っていました。山はアカマツの林で、沢には清水が流れ、あちこちに亜炭鉱が残っていました。山の草木は四季折々の花を咲かせ、動物も多く、山の中でタヌキに出合ったり、夜キツネの鳴き声を聞いたりしました。

この地に、最初にブルドーザーの音を響かせて宅地開発が始まったのは昭和三十六年、緑ケ丘団地の造成でした。それ以前にも二ツ沢や、西の平でも造成工事がありましたが、西の平の市営住宅を除き、ほとんどは人力によるものでした。

緑ケ丘は、土地付き建て売りで百万円というのがありました。今思うと随分安い価格ですが、なかなか売れなかったと聞きました。

次いで長町恵通苑（恵和町と青山二丁目の一部）、根岸国鉄団地、青葉苑団地、若葉苑団地と開発が続きましたが、工事の面で何かと問題が起こり、若葉苑団地から法律（宅地造成法）が適用になりました。松が丘団地が造成されるころ国鉄団地などいくつかの中小団地が出来、越路恵通苑（桜木町）が完成、昭和四十年、動物公園が開園するころには、八木山土地区画整理組合が造成した八木山本町一、二丁目あたりと八興団地が造成されました。

前は、どこに行くのも徒歩でした。繁華街の一番町まで一時間、長町駅までは四十分かかりましたが、バスが通るようになり便利になりました」

八木小児童数のすさまじい増え方

八木山地区で二番目の小学校、八木山小学校が、太白区八木山本町一丁目に開校したのは昭和四十六年四月のことです。今まで原野、雑木林だった丘陵地に宅地造成が進んで人口が増え、八木山、向山でただひとつの小学校である向山小学校がパンク寸前になってしまいました。

向山小学校の記録をもう一度見てみましょう。太平洋戦争が終わった昭和二十年の同校の児童数は七百三十九人でしたが、宅地造成が始まった三十年代後半から増え出し、四十五年になると二十五年前の二倍近く、千三百九十六人に膨れ上がります。

仙台市は、四十九番目の小学校として八木山小学校の建設を始め、鉄筋四階建ての校舎を造ります。学級数は十四でした。開校式は昭和四十六年四月八日に行われました。学校の敷地にはコンクリートの校舎がポツンとあるだけで、ほかには何もありません。開校式は、玄関の前で進められました。

それに先立って、三月二十六日、八木山小学校に赴任する教員二十三人の内示が出されました。先生方は、向山小学校に集まり、新しい学校をスタートさせるための準備に取り掛かります。二十九日からは机や椅子などの必要な備品が運び込まれました。これらを四階の教室まで運びこむことは大変です。新しい学校が出来ると聞いた地域の人たちが小学校に行っている子供がいる、いないに関係なく大勢集まり手伝ってくれました。バケツリレーのように長く並んで、机や椅子を教室まで運びました。それだけではなく、校庭に落ちている材木の切れ端や建築のときに出たごみも掃除してくれました。地域の人が学校誕生を待っていたのです。開校時の児童数は六百五十二人でした。このうち三百五十二人は向山小学校からの転入、ほかは鹿野小、西多賀小などから移ってきた児童でした。

当時、学校の周りには一本の木もなく、殺風景だったので仙台市緑地課の紹介で六年生六十七人が葛岡《くずおか》へ行って松の苗木をもらってくることになりました。児童たちは自分で苗木を掘り起こし、それを運んで来て一本一本学校の周りの広い土手に植えていきました。あれから二十数年経って松の苗木は大きく育ちました。

同小学校の初代ＰＴＡ会長を務めた八木山本町二丁目、会社社長岸田清さんは「第一回のＰＴＡ総会は、暑い最中、校舎の屋上で開きました。会則の審議では、一部に反対意見もあり、長時間の会合になりましたが、準備委員のお母さんたちが頑張ったお陰で、どうにか組織をつくることが出来ました。設備も不十分で、有志から寄付を募り三百万円ほど集めました。このほかに造園屋さんに植林してもらったり、敷地にフェンスを設けたりして環境整備のお手伝いをしました」と話しています。

八木山に新しい住居を求めて入居した人たちが連合町内会を結成したのはちょうどこの年でした。名称は八木山地区連合町内会です。新住民を待っていたのは、道路など生活関連の諸問題と並んで開校したばかりの八木山小学校の施設拡充も急を要する問題でした。

同連合町内会の昭和四十六年度活動計画には、小学校施設拡充について次のような記述が見られます。

「同小学校は、関係者の協力により、今年度開校の運びになりましたが当初予定した十一学級が十四学級に増え、しかも学級定数がほとんどの学級でオーバーしているばかりでなく、特別教室もない状態であります。しかも、今後ますます児童が増えることが予想されます。当連合町内会としてはＰＴＡ、学校当局と連絡を密にし、校舎の増築、体育施設の早期実現に取り組みます」

この予測通り、同小学校の児童数は昭和五十三年まで年々増え続けます。しかも向山小学校のように毎年百人程度の増加といったなまやさしい増え方ではありません。八木山小学校の資料によると、開校翌年の昭和四十七年には、二百四十一人増えて二十三学級八百九十七人。四十八年になるとさらに二百十八人増えて二十八学級千百十五人になります。最高は五十一年で千六百三十三人の児童が通学していました。この数字は開校時に比べて九百八十一人増えていることになります。八木山地区の人口増加がこの時期、どんなにすさまじいものだったかが分かりますね。

学校に緑を　児童たちは頑張った

八木山小学校の校歌と校章は開校翌年の昭和四十七年に制定されました。学校は高台にあって、校庭からキラキラと輝く太平洋を望むことができます。学区内には、昭和初期に久兵衛さんが植えた松並木の通りや、自然のままに残した松の木が見られます。

「日がのぼる　太平洋に　光あふれる　松のみどりに」で始まる歌詞は東北大学名誉教授で俳人の永野為武さん、曲は海鋒義美さんが作りました。おふたりともすでに鬼籍に入っています。永野さんはお孫さんが学区内に住んでいた縁から、海鋒さんは仙台高校の音楽の教師をしていて、多くの学校の校歌を手掛けた人です。

同時に校章も決まりました。こちらはちょっと珍しい鷹《たか》を図案化したデザインです。こんなエピソードがありました。

開校式が終わって間もなくの昭和四十六年春、給食配膳室のガラスを破って一羽の鳥が飛び込んで来ました。これが鷹だったのです。昔から鷹は縁起の良い鳥と言われています。「何か校章にいい図案はないものか」と考えていた初代校長の秋葉和夫先生（故人）は、親鳥と二羽の子供の鷹をあしらった図案に将来発展する八木山小学校への願いを込めました。

校木はメタセコイアと決まりました。生きた化石として知られているメタセコイアは昭和二十一年、中国四川省で発見されました。成育が早く、真っ直ぐに伸びる様子は、まるで八木山小学校児童の成長と同じです。昭和四十六年の記念植樹を含めて数本のメタセコイアが同校に植えられました。このうち校門を入って左側にある木は天を突く勢いで成長し、校舎の高さを越えてしまいました。

そう言えば、八木山小学校は開校以来、常に緑と深い関係にあります。昭和四十九年、宮城県と仙台市の両教育委員会は八木山小学校を緑化教育研究学校に指定したのです。このへんの事情について、同校二代目校長の岩下忠男先生は「八木山ものがたり・開校二十年記念誌」の中でこう記しています。

「私が赴任した年に、緑化教育の指定校になりました。当時、学校周辺の斜面は松の木を植えたばかりで、ほかの木の種類も少なくメタセコイアも背丈が低く、すべてはこれからという状況でした。私は先生方と相談して、単に眺める庭園づくりではなく、児童自身で花や樹木を植えることによって草木を愛し、働くことに喜びを感じ、心身ともに健康で豊かな緑化教育を目指しました」

このために校舎の前だけでなく、校庭の周りにも花壇を作りました。カンナなどの花のほかにもジャガイモ、マメ、サツマイモの作り方を勉強しました。校地の北斜面はすぐ岩盤になっているので植物は育ちにくいと言われていました。県立農業高校の先生に見てもらい、斜面で刈り取った草や木の葉を積んで土に交ぜ、松や杉を植えたそうです。

当時、子供たちを指導した石川実先生は同校十周年記念誌「やぎやま緑化教育と土づくり」のなかで「ブロックを積んで花壇を作ると、今度は土作りです。本当は堆肥が一番いいのですが手に入りにくかったので、仙台市八木山動物公園から動物の排せつ物や敷きわらをもらい受け、高学年の子供たちと一緒に花壇に入れるのです。中に象のうんこが交じっていて、こんなに大きいものかと驚きました。においも相当なもので、わいわいがやがやと大騒ぎで土づくりをしたものです」と述べています。

このほかにも、同校の歴史のなかで緑化に関する部分がいろいろと出てきます。一部を紹介すると次のようになります。

◇昭和四十九年十一月二十六日桜の苗木五十本植樹◇同五十年十一月二十七日学校緑化コンクール環境緑化の部・努力賞◇同五十一年四月二十日「みどりの週間」にちなみ山本知事ら来校◇同五十一年十一月十六日「緑と花いっぱいコンクール」で優良賞を受ける◇同五十二年七月二十三日学校園造成（玄関前芝生緑地、ロータリー完成）◇同五十三年十一月二十五日第十回学校花壇コンクールで優秀校になる◇同五十七年十一月二十七日花壇コンクールで仙台市の最優秀賞、県緑の会特選

そして昭和六十三年十月、仙台市養種園にあった山野草園が解体され、一部が八木山小学校に移されて山野草教材園が作られました。

太陽と大地、風と仲良くなろう

最近、八木山小学校に入学する一年生は、毎年によって百人を切っています。ふた昔前まで、新入生は確実に百五十人から二百七十人はいました。新入生の数が減ったのは、少子化傾向のせいだけではありません。人口が爆発的に増えていたころのパワーは八木山にはもうありません。地区全体が高齢化への道をたどっている証拠でもありましょうか。

八木山の宅地造成が進み、あちこちに住宅が張り付いて行ったころのエネルギーはたいしたものでした。山が削られ、谷を埋めて大きな団地が続々誕生する驚き。昭和四十六年、八木山小学校が開校した年の在学生は総数六百五十二人でした。それが翌年は八百九十七人、次の年は千百十五人と毎年百、二百人台で増加していきました。

昭和五十二年になると、建設を急いでいた八木山南小学校が開校し百四十二人が移って行きます。二年後の五十四年には芦ノ口小学校が出来て三百九十九人が移籍しました。それでも同校で学ぶ児童は千二百人程度はいたのです。児童数が千人を切るようになったのは昭和五十九年からです。それが九百人台、八百人台と年々減ってきて現在は五百人台になりました。

八木山小学校は開校以来緑化教育に力を入れて来たことは前に紹介しました。最近は、それに加えて体育と合唱の活動が活発です。

校長室には立派な額縁に入った日本学校体育研究連合会からの表彰状が飾ってあります。昭和五十八年十一月、永年保健体育の指導研究に尽力した功績で表彰されたのです。

体力作りは昭和五十五年から始まりました。同年四月、文部省から推進校に指定され三年にわたって児童の体力作りのためにいろいろの実践をしてきました。

青白いモヤシっ子をどうしたら健康で最後まで頑張る子に育てていくかが命題でした。初めは遊具を数多く備えれば、遊びながら自主的に運動し、体力も向上

学校周辺は木々に囲まれ、四季を通して緑にあふれている

するのではないかと遊具をたくさん設置しました。ところが、遊び方を知らない子供にはあまり効果がありませんでした。そこで、推進校最終年度の五十七年に「さわやかタイム」を作ったのです。これは、朝八時二十五分から十分間、レコードに合わせて全校児童が一斉に走るのです。その後学級ごとに竹、縄、一輪車を利用し運動や遊びをしました。年間を通じて半袖、短パンの軽装に、はだしを奨励しました。「太陽と大地、風と仲良くなろう」がキャッチフレーズでした。

同校の佐々木啓治第四代校長は「開校二十年記念誌」の中でこう記しています。

「校庭を一周すると頭痛や腹痛を訴えていた子供たちも、やがて五、六周走っても平気になり、肌黒く、風邪の欠席者も減ってたくましくなってきた。朝食抜きの子供は朝早くからの活動に耐えられないので、必ず朝ごはんは食べる習慣がついたし、はだしのためか偏平足も減るようになった」。いいことづくめです。現在も「さわやかタイム」は健在です。ラジオ体操、マラソン、ゲームなどに汗を流しています。

もうひとつは、合唱団の活躍です。校史をひもとくと昭和五十一年十月の項に「ＮＨＫ音楽コンクール

（合唱）県大会優秀校」という記述が見られます。それ以後、いろいろの場所で合唱団が活躍してきました。平成九年はＮＨＫの全国大会に東北代表として参加、見事に奨励賞を獲得しました。

同校の合唱団は四年生から六年生までの児童たち四十数人で構成しています。クリスマスには近くにある仙台赤十字病院を訪問して、一階の正面玄関ホールでコンサートをするのが恒例となり、連続四年間続いています。

八木山小学校は、平成十一年、校舎を解体して新しい校舎に生まれ変わります。開校したのが昭和四十六年ですから最初に建てた校舎はもう二十七年間も使っている勘定になります。七月には解体作業が始まり、平成十二年二月には新校舎が完成。新しい建物は、旧校舎より一階低い三階建てで一般教室、特別教室が作られます。このうち、地区の住民も使うことが出来る多目的ホールやコンピューター室が備えられます。また、三階建てにしては珍しいエレベーターも設置されることになっています。体の不自由な児童や、校舎を使うこともある父兄により便利な学校にしようとの発想からです。

子供たちは二学期から、プレハブ造りの仮設校舎で勉強することになります。

かつての八木山小学校の校舎

八木家が遊園地を始めた

近くて安い一日コースの行楽地

さわやかな風が、ジェットコースターやスカイジェットに乗った人たちのにぎやかな歓声を耳元まで運んでくれます。一年間の入場者数約三十万人を誇る東北有数の遊園地「八木山ベニーランド」は、春とともに忙しくなります。

ベニーランドは、昭和四十三年春の開業です。場所は、皆さんご存じの動物公園の真ん前です。経営している「株式会社エイトリー」を日本語に訳すとなんとなく八木となります。大正から昭和にかけて、八木山を開発した八木家の末裔が経営しています。

動物公園が、三居沢から八木山に開園したのは昭和四十年十月。ベニーランドはその三年後に開業しました。初代社長を務めた八木栄治さんは、創業当時を思い出しながらこう語ります。

「動物公園がオープンして八木山に多くの人がやってくることは予想されました。しかし、動物園だけの見学では一、二時間で終わってしまう。空気のいい高台に登って来て、このまま帰るのでは、いかにももったいない。そこで、山を一日コースの行楽地にしようと計画しました。動物園開業前から想を練って、四十二年初めに工事を始め、一年間で完成しました。当時の島野武市長からは『いいものを造ってくれましたね』とおほめにあずかったことがあります」

ベニーランド開業までの経緯について、昭和四十五年六月発行の東北経済倶楽部会報（第二三五号）に「八木山今昔物語」として、八木栄治さんが書いています。多少ダブっていて、しかも少し長くなりますが、理念のようなものが、よく出ているので引用します。

「敗戦後、八木山には朽ち果てた野球場のメーンスタンドの残骸や茫々と雑草の生い茂ったグラウンド、赤錆《さび》たロープにやっと支えられていたつり橋などが残された。その後、数年前にあれほど広大に（八木家が八木山に）所有していた土地が、瞬く間に圧縮されてしまった。その原因としては、敗戦後の財産税の処理が最たるもので、次は仙台市民へ住宅地の建設提供、さらに学都仙台にふさわしい教育を網羅した東北工業

にぎやかな歓声が聞こえてくる。ベニーランドの入り口

大学の設立、民間放送事業への協力などである。いずれも先代八木久兵衛の遺志を思い、ささやかながらも再現に努力してきたつもりであるが、その足跡を顧みるごとに冷汗三斗の思いがするのである」

「最近に至り、昭和四十年秋には八木山運動場一円（八木家が昭和初期に作って県や市に寄付した野球場、遊園地、公園を指す）も動物公園となり、錆ついたつり橋も壮麗な永久橋になって、一躍現代的な八木山に生まれ変わった。（中略）動物園開園とタイアップした遊園地構想を持ち、東京、関西などの実情を検討した結果、昭和四十一年ころから、新しい観点から遊園地建設に乗り出したのである。

目標は三つ。まず手弁当でも楽しめる場所であること。第二には青空と緑の芝生に大の字になって休める場所。第三は、動物公園と併せて一日コースで遊べる施設であることだ。

ひたすら市民に喜んでもらおう、先代久兵衛の遺志を再現しようという念願と、あまり採算を考えないのんきな企画を実現させたのが、ベニーランドの誕生であり、八木山の現代化であると考えるのである」

ぼくが見た夢　ここがおとぎの国

遊園地開業の前、紅久株式会社は専門家の塩田光一さんを招き、指導してもらうことになりました。昭和の初め、ちょうど五代目八木久兵衛さんが、八木山を開発する際、発電所技師をしていた金子隼人さんを総監督として招へいしたのと似ています。

八木山ベニーランドは、標高百三十メートルのところに、広さ三万坪の敷地を持つ遊園地です。北側は深さ七十メートルの竜ノ口渓谷、谷を挟んで向かい側は観光地の仙台城址です。遊園地はなだらかな斜面になっており、かつては一面に松が茂っていました。建設に当たって、回りの林は手を付けずに残したので、自然にあふれ、しかも高いところにあるので、仙台市内中心部を眺望できる遊園地になりました。

開業した昭和四十三年の春、敷地内に十数種の遊具が設けられました。大ざっぱに言うと、数の上では、現在と大差がありません。回転タワー、クレージーカー、ジェットコースター、射的場、宇宙ロケット、トランポリン、ゴーカート、チェアプレイ、回転ぶらんこ、コーヒーカップです。

当時、遊園地と言えばすべり台、コーヒーカップ、ブランコそれにお花畑が定番メニューでした。多くの機種をそろえた遊園地は当時、珍しく、したがってキャッチフレーズは「東北でただひとつの本格遊園地」ということになります。

「ベニーランドCMソング」があります。開業して間もなく作られました。この音楽を、テレビ、ラジオのCM、それに場内で盛んに流しました。

「ぼくが見た夢　あこがれた　ここが　おとぎの国
なんだ　ワーイ　なんでも　あるんだね　ヤンヤン
ヤヤ八木山の　ベニーランドで　でっかい夢が　はずむよ　はねるよ　ころがるよ」

太白区八木山南にお住まいの塩田光一ベニーランド

取締役支配人（七十一歳）は、この遊園地についてはは生き字引のような人です。「私は黒子役が専門ですから」と謙遜なさいます。塩田さんは元は福島県の須賀川市役所で農政に携わっていました。辞職後、仙台の西花苑で五年間、植物園と遊園地の仕事を経て三十九歳のとき、ベニーランドにスカウトされました。

ここでは、いろいろの思い出があります。塩田さんは、青森県を除く東北五県の小学校、幼稚園を車でくまなく回ってパンフレットを置き、「仙台においでの際は、ぜひ当遊園地へ」と勧誘して歩きます。出張は、一日の走行距離が三百キロから五百キロにもなる強行軍で、その間平均すると、学校や旅行代理店を日に十五カ所は回ったそうです。春や秋の旅行シーズンに、かつて訪問した学校の団体が来るという連絡があるととても感激するそうです。

「手弁当で楽しめ、青空、緑の芝生に休めるところを」

スピード、スリルが人気呼ぶ

「日本のレジャー産業は、日本経済と大きな関係がありますと塩田さんは語ります。昭和四十六年の大阪万国博覧会のころから、遊園地の仕掛けも大型化、デラックスになってくるそうです。ベニーランドの開業は、これに先立つこと三年前です。昭和五十年ころになると、ジェットコースターなどスピードとスリルが若者の心を捕らえ、遊園地の主役の一翼を担うようになります。その後、労働時間の短縮、余暇時間の拡大が、戦前から日本人の底流にあった「勤勉こそ美徳。遊びは罪悪」といった考えを駆逐してしまい、遊びも市民権を得るのです。

ベニーランドが開業したころ、若妻会の人たちがよく訪れて来ました。聞いてみると、「遊園地に行く」としゅうとに言ってくる人はまずなく、「定義さんに参詣に行く」と出かけて来ることが分かりました。塩田さんは「昭和四十年代半ばのころでも、嫁の立場では、遊園地に遊びに行くとは言えなかったんですね。罪悪感がまだあったのでしょうか。神仏の陰に隠れて遊びにいらしたものでした」と語ります。

時代風潮から言うと、現在は多様化の時代です。遊びに抵抗感がなくなったかわりに、あちこちに類似の遊園地が開業して、客はどこへ行ったらいいか考え込んでしまいます。競争相手があまりにも多すぎます。ベニーランドにについても同じことが言えます。

先に紹介した「八木山今昔物語」(東北経済倶楽部会報・昭和四十五年)の中で、同社初代社長の八木栄治さんは「幸い仙台市も全面的に協力され、昭和四十三年オープンの年には、二十万人の予想に対し、約三十万人を超える入場者を数え、本年度はすでに三十八万人の遊覧客が来園されている現状である」と鼻高々でした。そして「仙台を中心に隣接近県を含めて二百万人の人たちを対象に、新たな五カ年計画を立て、名実ともに恥ずかしからぬ八木山総合遊園地の建設を目指したい」と抱負を語っていました。ベニーランドに来る客は、開業後間もない昭和四十年代は、年間三十万

ベニーランドの中に、こんな立派な神社があります

人を数えました。それが三十八万、四十万と毎年おもしろいように増えて行きました。これがピークで、最近では、開業直後の数字で低迷しています。

ちなみに、宮城県内のこの種の施設で、一番人が集まるところは、どこだと思いますか。答えは釜房湖畔に建設省が作った「みちのく湖畔公園」で、年間六十万人が訪れています。格別変わった遊具を置いてあるわけでもありません。お金をあまりかけないで、湖畔で静かに憩いを楽しむ、新しい余暇の過ごし方に魅力を感じている人も多いことが分かります。

遊園地側にとって困ったことに、客は飽きっぽく、三年も使った遊具はもう遊んでもらえません。米国やヨーロッパの遊園地を回って新しいものを買って来ます。いずれも億の数字を超えるものばかりで、資本投下も大変です。さらに東北の遊園地で抱えるもうひとつの悩みは、冬の問題です。寒い期間は客の足が遠くので休園せざるを得ません。一年の三分の二の時間で一年分を働かなければなりません。このような従来のパターンを打ち破ろうと、ベニーランドでは、数年前から、お正月に除雪して若者たちに開放、一定の成果をあげています。

平成十一年までベニーランド社長をした八木昭さん、その後を継いだ八木洵さん、八木充幸さんは「厳しい業界ですから、欲を出さずに現状維持できればいいと思っているのですよ」と謙虚に語っています。

この遊園地の東はずれに神社があることを知っている人は、そう多くはありません。神社は、ここに安置する前には二ツ沢の亜炭鉱入り口にありました。宅地造成で住宅に変わることになったので、八木家がここに移したといわれます。

神社を訪れてみました。遊園地のにぎやかな歓声や騒音から離れ、木々に囲まれた閑静なところです。立派な木造の神社と鳥居、石灯籠が二組ありました。

いつ、神社をここに移したのか。灯籠にある「昭和二年五月、紅久株式会社寄贈」、もうひとつの「昭和五十一年、紅久株式会社寄贈」から推測すると、移転は、昭和五十一年ころであろうと思われます。「灯籠がひとつでは、かわいそうだ」と、そのとき、もう一個追加したのでしょう。

亜炭鉱の入り口に神社が造営されたのは、灯籠に刻まれた日付から昭和初期とみられます。この神社を作ったのは紅久なのか、炭坑経営者なのかは、今となっては調べようがありません。ただ、紅久は神社に灯籠を寄進するほどの深い関係にあったということは言えます。

もともと紅久の経営者たちは、神仏の信仰厚い人が多く、明治から大正にかけて一代で仙台のリッチマンになった四代目久兵衛さん、この遺志を受け継いで山の総合開発をした五代目久兵衛さんも同じでありました。五代目は、山の開発を進めるに先立って、動物公園南側の高台に「越路山神社」を作り、守護神として西多賀三丁目、延喜式内多賀神社の分身として山の神、火の神、水の神を祭ったことは、先に触れました。この神社のご神体は平成八年、ここに移されました。

越路山神社は人があまり行かない場所にあったので、やしろが破損したり、ひどいときは、神社の建物にスプレーでいたずら書きされたりの被害が出ていました。ベニーランドに移転してからはそういう被害もなくなったということです。

大地震が襲った

震度5！取り壊しに泣き泣き同意

大概の家では、夕食の準備に取り掛かろうとしていた時間でした。小刻みに家が動き始め、その後、ぐらぐらと地面が突き上げるような、ものすごい揺れが来ました。その激しさ。歩くこともできません。

昭和五十三年六月十二日午後五時十四分、仙台を震度5の強震が襲いました。「宮城県沖地震」です。体験した方は、あの鮮烈な印象が将来も脳裏から決して消えないことでしょう。光陰矢の如しのたとえ通り、あれからもう三十年以上が経ちました。

本震の八分前に震度3の弱震がありました。これが前触れだったのです。本震の規模を仙台管区気象台はマグニチュード7・5（十日後に7・4と訂正）と発表しました。震源地は金華山沖百キロの太平洋で、その後、からだで感じた余震は三十九回に及びました。この地震は、初めての都市型地震と言われました。倒壊したブロック塀や門柱の下敷きとなって十九人が死亡、都市ガス、水道、電気が一時完全にまひして市民生活に大きな影響が出ました。

八木山地区でも建物が壊れたり、都市ガスの供給が一カ月以上もストップしました。この間、公衆浴場に通ったり、薪《まき》や石油、プロパンを風呂の熱源としている家にもらい湯に通ったりしました。その中で、もっとも被害の大きかったのは、新興住宅地の緑ケ丘でした。今でもタクシーに乗ると「地震のときは大変だったでしょう」と話しかけてくる運転手さんがいます。私は八木山緑町の住人です。ミドリ違いですが、皆さんの頭の中にあのときのことが深くこびりついていることが分かります。

当時、緑ケ丘はどんな状況だったのか、河北新報の報道によって復元してみます。最初に紙面に「緑ケ丘」の文字が出てくるのは、地震の翌日です。

「雨でがけ崩れの恐れ　二十戸深夜の避難」

という見出しで、社会面に三段見出しとともに記事が掲載されています。

記事によると、地震の後で雨が降り出し、緑ケ丘一丁目の一部で、がけ崩れによる二次災害の恐れが出たので、仙台南消防署は十三日午前一時四十分、地区住民に対し避難命令を発令します。そこで、この地区内の約二十戸、六十人が近くの鹿野小学校に避難しました。

消防署員がハンドマイクで避難を呼び掛けて歩きます。地震の恐怖からやっと覚めて眠りにつこうとした矢先の避難命令です。わずかに持ち出した毛布などにくるまって住民は眠られぬ一夜を過ごしました。避難場所の小学校体育館はあいにく、一晩中停電になっていました。

地震で擁壁が崩壊した緑ヶ丘の造成地

消防署の調べでは、ここには約百戸の住宅が建っており、うち六戸が地盤沈下などで、大きく傾き倒壊の危険があるほか、石垣に稲妻型の亀裂が走るなど地震の激しさを物語っています。夜来の雨で地盤が緩んでいます。今後が心配されます。

「緑ケ丘の危険家屋取り壊す
七戸の住民、泣き泣き同意」

十七日の河北新報朝刊社会面の見出しです。記事にはこうあります。

「家屋を取り壊すことになったのは緑ケ丘団地の七世帯である。地震で断層が生じた際、崩れた擁壁が家屋の重みで再び崩壊する危険性が出てきた。七世帯は市の災害対策本部と話し合い、家屋の取り壊しに同意した。取り壊しは陸上自衛隊によって行われることになった」

ここで、何人かの住民の感想が紹介されています。

「十五、六年前に父が建てた家で、これこの通り頑丈な作りです。家は頑丈でも宅地造成業者の手抜きからこんな事態になった」。

「半年前に増築したばかりで、まだ借金も残っている。危なくて、家財道具も運び出せない状態だ。移り住むあてもないし、もう気力もない」

十六日、地震で傾いた家の解体作業が始まります。市の災害対策本部に撤去を了承した家はさらに二戸増えて、九戸になりました。住宅がワイヤーロープで支えられ、ユンボという作業機械のツメが打ち下ろされました。いろいろ思い出や愛着がある家は無慈悲にも細かに打ち砕かれました。待機していた約百人の陸上自衛隊員が、解体物を十五台のトラックに積み、利府町の森郷埋め立て地までピストン輸送しました。この日の夕方には、九戸の家はすべて解体して運ばれ、地ならしも終わりました。

十八日の新聞は、緑ケ丘団地から避難する住民が増えていると次のように報道しています。

「地震の被害の大きかったのは南斜面に造成された一丁目と西側の三丁目である。団地内のいたるところに崩れかけた石垣や亀裂が生々しい傷跡を残している。また北側の四丁目地区も、これまで何回か避難措置が取られ、地震以来、マイホームを無人のまま放置して避難を続けている家庭も多い」

お兄ちゃんの部屋がなくなったよ

地震の後で雨が降り続き、緑ケ丘団地では二次災害の恐怖にさらされました。河北新報が緑ケ丘について報道したいくつかの記事の見出しを拾ってみます。

「地盤に緩み　雨は大敵　亀裂に厳重警戒必要」（五月十六日）「広がる無人の街　おののくがけ崩れ危険地帯　住民、疲労でげっそり　避難勧告だけの市に怒り」（十八日）「石がき各所で崩落　住民の避難相次ぐ」（二十三日）「町内総出で補修　自前の材料持ち寄り」（二十五日）「暴れ梅雨被災地うかがう　緑ケ丘で徹夜の警戒　地盤緩み、せり出す赤土」

七月七日の特集では、緑ケ丘の住宅が危険家屋として取り壊されたNさんを紹介しています。「ドキュメント　この人の場合」。見出しは「マイホームが消えた　ローンだけが残った」です。

Nさんは当時四十六歳、名取市内の銀行支店長でした。家族六人。家は二階建てで、お父さんが建てたものをNさんが継ぎました。親子で増築、このときのローンが二百万円あまり残っていました。地震が起きたとき勤め先で客と応対していました。「がけ地にあるのでいつも気になっていた」家に電話したが不通です。

一方、奥さんは、ちょうどバスの中でした。それほどの地震とは感じませんでしたが、団地に近づくにつれて被害が目につきます。家に行く小路に入った途端、中学生の二男が「お兄ちゃんの部屋がなくなったよ」と駆けてきました。走って家に入ったらもうメチャメチャです。増築した部屋が落ち、庭は陥没です。

Nさんが家についたのは夜七時前です。家の前に人だかりがしていたので「何かあったな」と悪い予感がしたそうです。家族の無事が確認されたのが夜九時過ぎです。近所からの差し入れのおにぎりで夜食をすませ、この夜は車に子供たちの教科書を積んで鉄砲町の親戚の家に泊めてもらいました。

翌日朝、緑ケ丘へ帰りました。前日に比べ、家の傾きがさらにきつくなったようです。下の家で危ないからなんとかしろと言っているという話が入ってきまし

倒壊の危険がある家は解体された。涙をこらえて見守るよりほかはなかった

た。夜、市の災害対策本部から呼び出しがあり、「二次災害の恐れがあるので家の取り壊しに同意してほしい」と言われました。ためらっている場合ではないと思ったのでその場で同意、はんこをつきました。

翌日と翌々日は荷物を出しました。増築した大工さん一家が弁当持参で手伝ってくれました。次の日、家を取り壊したいと連絡があり、Nさんは、市から借りた倉庫に荷物を運んで帰ると、家は跡形もなく取り払われていました。「立ち会わなくてよかった。隣の奥さんは泣いていたもの」「そうだった。見なくてよかった」。居合わせた二男の泣きべそをかいた顔がテレビに写りました。「無理もないですよ。自分の家にガツンとブルドーザーのツメを掛けられたんですから」。

不動産屋を回って、子供が転校しなくてもいい場所に家を探しましたが見つかりません。地区で市に陳情に行った帰りに相談所で宮城県住宅供給公社のアパートがあることを知り、滑り込みで空き室が見つかりました。敷地に残った門標、郵便受け箱に転居先通知の紙を張りにいきました。八十五坪ほどあった土地が斜めに整地され三十坪ぐらいになっていました。

なぜ、緑ケ丘に被害が集中したのか

平成十年、仙台で震度4の地震がありました。南北に通じる断層が活動した結果だと聞かされると、改めて自然の強大さに驚くとともに備えは十分だろうかと自問してしまいます。ところで、この地震は青葉区、宮城野区で震度4と報道されましたが、いつまでもテレビを見ていても太白区は何の表示もありませんでした。気象台の観測用機械が太白区には置いていないからだと後で聞きました。今回の地震で一番被害を受けたのは太白区でした。その地区に観測用機械がなかったでは話になりません。（現在は設置されています）

さて、八木山にあるほとんどの住宅地は昭和三十年代以降、山を削り谷を埋めて造成した団地です。同じような団地がたくさんありながら、なぜ緑ケ丘地区に被害が集中したのでしょうか。

地震直後の昭和五十三年六月十六日の「河北新報」は、こんな見出しの記事を掲載しています。

「宅地造成の欠陥浮き彫り　二次災害の恐れ　規正法前の施工　急斜面に無理な造成」

記事を要約するとこうなります。

「緑ケ丘団地は昭和三十二、三年ころ、宅地造成の先兵として民間業者によって造成された。現在約千七百戸の住宅が建っているが、このうち千四百戸は勾配三〇度から四〇度の急斜面にへばりつくように建っている。これまでもちょっとした雨で、がけくずれなどが起き、そのたびに地盤構造の欠陥が指摘されていた。

今回、地震と同時に、あるいはその後起きたがけ崩れは、住宅を取り壊さなければならない個所だけがクローズアップされているが、実際はそれは氷山の一角にすぎない。仙台市地震対策本部が、地震直後に団地全体の実態調査を行なったが、危険個所は一丁目だけで四十三件に上っているのである。

しかもその内容は切り土や盛り土を支える石積みの擁壁や、コンクリート擁壁が膨らんだり亀裂が生じたのがほとんどである。同市開発局宅地保全課でも、今回の被害を急斜面での無理な造成と擁壁の欠陥工事による『人災』に近いものだと指摘している。

宅地造成の際の切り土、盛り土、あるいは擁壁工事は、三十七年施行の「宅地造成等規制法」によって一定の基準が設けられている。この団地は規制法の施行前に造成された団地なので、現行法に当てはめると基準を満たしているところはほとんどなく、今なら到底造成を許可される工事ではないという。

市ではこれまで数回にわたって擁壁の補強、改造を呼び掛けてきた。しかし実際は急斜面に造成されているので擁壁の面積が広く、費用などを考えるとおいそれとは手が付けられないという家がほとんどだった」

東北大学名誉教授の奥津春生さん（故人）は環境地震学が専門でした。奥津さんは、地震直後、「地震と仙台の地盤」というテーマで三回にわたって河北新報に連載企画を執筆されています。

「今回の地震災害は共通的な地形、地盤の所に集中的に発生した。そのひとつは高台の階段状の造成地で、緑ケ丘、南光台、黒松団地。もうひとつは下町の低地の水田地帯を造成した所で苦竹、卸町、長町地区の軟弱地盤分布地区である。これに対して、藩政時代から開発された旧市電循環線とその周辺では災害は少なかった。

なぜこのような傾向が現れたのか。地盤には、地震の強い震動に遭うと、地割れが起きて沈下、隆起、滑りが発生しやすいものと、それが起こりにくいものとがあるからである。

丘陵地を切って造成した階段状の団地では、一区画ごとに玉石、間知石《けんちいし》の石垣やコンクリート作りの擁壁で区切られている。これは、丘陵地の斜面を切り取って、その余った土や岩塊を低い所に埋めて平面を造ったことを意味している。

地盤を切り取った部分は地山なので地震にも強い地盤になっている。これに対してこれら切り取った土で低い所に埋めた部分は地震に弱い。盛り土が厚く、しかも石垣の根が地山に届いていない所では、より不安定な地盤になっている」

奥津先生は、階段状の造成地には、地震に強いところと弱いところがあると指摘、さらに地割れの規模も盛り土の深さと大きな関係があると指摘しています。

あの揺れの瞬間を全国の茶の間に

地震発生とともに、東北放送会館は激しく揺れ動き、ラジオとテレビは放送を停止しました。しかし、テレビは一分四十秒停波しただけで、非常用発電で放送を再開しました。五時二十五分からの定時番組をやめてニュースセンターから地震情報、津波情報など災害放送に切り替えました。それ以降「ＴＢＣニュースワイド」「ニュースコープ」で地震情報や地震発生時のものすごい揺れや社内の様子を見事にキャッチした決定的なフィルム映像が、キー局のＴＢＳを通して全国の茶の間に送られました。午後七時からの定時番組も中止して三十分の特別番組を放送、県内各地の被害状況、電気、ガス、水道、交通機関などが今どうなっているのか生活関連情報を伝え、県民が冷静になるように呼び掛けました。また午後十一時四十分の「河北新報ニュース」の時間を従来の五分から四十五分に拡大し、不安な夜を迎えた被災者の表情や、県内の災害状況を各地に出向いた記者たちがリポートしました。

当時、報道部でデスクをしていた内ケ崎末雄さんは「地震の被害を受けた東北石油から地震直後、重油が仙台港に流れたという情報が入り、テレビ中継車で東北石油に向かいました。仙台市内は停電で真っ暗でした。七時の番組までには現場に着かず、夜十一時四十分の放送で現場からの中継をしたことを覚えています。県内は停電のところが多く、どの程度の人が見てくれたか。『幻の中継』ではなかったかなどと話題になりました」。

一方、ラジオは、富谷町にある送信所の高圧回路を保護する扉が地震の強い衝撃で開き、電源が切断されて二時間半、放送を中断しました。放送再開後、ほとんどを地震関係に切り替え、気象台の地震情報、津波警報を繰り返し放送したほか県内の被害状況、道路、橋の状況を伝えました。同夜はほとんどの地区が停電で、国鉄はじめ交通機関がストップしたところが多く、電話もなかなかかからないなかでラジオ放送は県民から頼りにされました。このほか、電気、ガス、水道についての情報、交通、病院、飲食店、公衆浴場、学校の休校などを繰り返し放送したほか、家族への連絡、個人的な問い合わせなどにも開放しました。地震当日と翌日の二日間だけでも県民から寄せられた情報や問い合わせは千三百件にものぼり、特設した十台の電話機ではさばき切れないほどでした。

東北放送会館では、四カ月前に起きた震度4の地震で被害を受け修理したばかりの新館と旧館の接続部分が手ひどく被害を受けたほか、タレント室、宿直室の柱に大きな亀裂が入りました。図書資料室の書架が倒れて、通路に図書が散乱してしまい、レコード室も、レコード格納キャビネットや整理棚が転倒しました。

将棋倒しとなった放送会館5階、図書館資料室の書架と散乱する書籍

会社を挙げて大災害を放送した結果、数々の賞が贈られました。ラジオは五十三年上期のJRNニュースハイライト賞、テレビでは同年度JNN特別賞、JNNネットワーク協議会賞などです。なお、地震の瞬間を撮影した映像は、仙台市内の被害状況の映像とともに、マイクロ回線で東京に送られ、アメリカCBSを通じて全世界に衛星中継されました。

東北放送では、すでに大地震を想定して「東北放送防災手帳」を作って全社員に配布していたのです。

工大ピンチ　被害総額十二億円超す

　宮城県沖地震は、教育施設にも大きな被害を与えました。地震直後、宮城県教委が調査したところ、震度5の強震に見舞われた仙台市を中心に、全県の小中学校の七割に当たる七百六十五施設が、校舎の壁の亀裂、落下、窓ガラスの破損、屋根がわらの落下、体育館の床陥没などの被害を受け、被害総額は約六十二億円にのぼりました。

　一方、県総務課が私立学校について調べたところ、幼稚園を含めて全体の半数近い百七十八校が損害を受けていました。被害総額は二十五億三千万円。特に被害がひどかったのは、校舎が全壊した仙台タイト服装専門学校をはじめ、東北工業大学、東北電子工業高校（現・東北工業大学高校）、三島学園女子高校（現・東北生活文化大学高校）、仙台育英学園高校などでした。

　八木山には幼稚園から大学まで、たくさんの学校がありますが、東北工大と電子高校の被害が甚大でした。このうち東北工大では学生三人、職員ふたりが負傷しています。

　東北工大では、地震の翌日、学内災害対策本部を設けました。本部長は、建築の専門家である高橋武雄建築学科教授です。詳しく学内を調査しました。特に被害が大きいのは大学の電子、通信学科が入っている四階建ての研究棟三号館、意匠工業学科が使っている五階建ての教育研究棟であることが分かりました。

　いずれも、コンクリート柱に亀裂が入り、揺れがもう少し続いたら崩壊するところでした。このほかにも、学内の各所で地割れ、地盤沈下が起きていました。大学の被害総額は十二億円。

　また、電子高校でも、本館、実験棟、体育館、図書館などの内外壁が被害を受け、プールサイドの地割れ、駐車場の地盤沈下などがありました。こちらは被害総額が七千三百万円。ふたつの学校では、設備、備品関係を加えると被害総額は十三億五千万円にのぼりました。

　「東北工大二十五年史」には「この膨大な被害総額

からみて、復旧はまさに本学園の存亡をかけた大事業である。このため、国の激甚災害を受けるために積極的な取り組みが必要であった。陳情は東京と地元に分かれて復旧のための援助策について展開することになった」とあります。東京組は連日、文部省、国土庁、私学振興財団、国会議員などを訪問、被害状況を説明。地元では、宮城県や仙台市、それに実情調査に訪れた政府の調査団にも直接陳情書を提出しました。

幸い、学校は地震の翌日休講しただけで、その後は平常通り授業が行われました。実験棟は使えないところがあり、卒業研修には大きな影響が出ました。結局、被害のひどかった三号館は建て直し、五号館は補修、補強工事をすることになりました。五号館の補強工事は、建築学科の川俣重也教授が中心になって、わが国で初めてという鉄骨プレスの新設、耐震壁補強が行われ成功しました。

地震から二年後の昭和五十五年八月、復旧工事はすべて完了しました。これに要したお金は総額九億二千万円、このうち、学内から寄せられた寄付金は二億一千万円にもなりました。

わが国で初めての試みとなった大学5号館鉄骨プレスによる補強工事

八木山に大病院が来た

職員十四人の診療所から始まった

八木山地区でただひとつの総合病院、仙台赤十字病院には、医師、看護婦など合わせて約六百人の人たちが働いています。八木山本町二丁目の現在の場所に移って来たのは昭和五十七年四月一日。それまでは、五橋の現在の仙台市福祉プラザの場所で開業していました。ここが長かったせいか、日赤病院は昔からこの場所と思っている人も多いのではないかと思います。実は、同病院は五橋に移る前にも三回移転しています。八木山の病院の話を始める前に、歴史をひもといてみましょう。

日赤病院は大正十三年、いまから八十数年前に診療所として産声をあげました。大地主として知られた斎藤善右衛門が資金を寄付して、県庁の真北、仙台市北一番丁、日赤宮城県支部の中で開業したのが始まりです。最初の診療科は内科と外科、十四人の職員が勤務していました。

開設資金を寄付した斎藤善右衛門は、安政元年（一八五四）宮城県桃生郡前谷地村（いまの石巻市前谷地地区）に生まれ、この病院開設翌年の大正十四年、七十五歳で亡くなっています。所有していた水田約一千町歩。東北でも有数の大地主として知られていました。

明治二十五年に衆議院議員に選ばれます。それよりも多額の寄付をたびたびした人として知られています。例えば明治四十四年に県立図書館費として五万円を寄付しています。大正十年に作られた財団法人斎藤報恩会もそのひとつで、三百万円の資金を持ち、東北地方における学術研究、産業開発、社会事業に助成を続け、その活動は今日まで継承されています。恐らく善右衛門は当時、日本赤十字社の特別会員であったと思われます。病院開設のためにいくら寄付をしたのか資料はなくて、分かりません。

病院は拡大の一途をたどり、太平洋戦争開戦二年後の昭和十八年、現在の名前になります。病院は木造モルタルの二階建てで、診療科は内科、外科、小児科、眼科、耳鼻科、産婦人科、X線科の七科。このときは医師十七人、薬剤師ふたり、看護婦三十八人、看護助手二十五人など百二十三人が働いていました。

それから二年後、戦局は日に日に敗色が濃くなっていきます。昭和二十年三月十五日、同病院は横須賀海軍病院仙台赤十字病院と改称され、一般患者のほかに、戦闘などで負傷した海軍軍人の治療に当たることになりました。当時、外科医長として奮闘した佐藤保雄さんは昭和五十八年発行の「仙台赤十字病院誌」のなかで「海軍の患者は応急処置のまま横須賀海軍病院から列車で直送されてきた。レントゲン室で毎日のように弾丸の摘出手術をした。海軍の三百数十人、ほかに一般の患者が四、五人いたが、いつ空襲があるか分からない状況だったので、一般患者は七月十五日に全員退院してもらった」と書いています。患者が仙台駅に着いても、病院まで運ぶ自動車がありません。看護婦さんたちが駅に出迎え、四人ひと組みとなって担架に乗せた患者を病院まで歩いて運びました。

同年五月十五日には、さらに二百人の軍患者を収容するために宮城県南部の川崎村（現在の川崎町）青根温泉の佐藤仁右衛門旅館に分院が設けられました。こちらは空襲の恐怖もなく、のんびりした毎日でした。当時、看護婦として分院に勤務した菊田せい子さんは「医師ふたり、看護婦五人、薬剤助手ひとりで事務は旅館のご主人にお願いしました。仙台と比べると青根は別天地で、温泉につかったり、重症患者がいなかったので一緒に裏山に山菜採りに行き、それを料理しておかずにしました。軍の連絡係の森山軍曹が『青根では蕗にわらびにしどけかな』という句を作って皆を笑わせました」と病院誌のなかで書いています。

昭和二十年七月十日未明、仙台は米軍の大空襲に遭い同病院の建物千八百八十三坪を全焼してしまいます。それだけではありません。空襲のさなかを避難しようとした看護婦ひとり、看護学生三人、患者十一人、付き添いふたりの合計十八人が焼死するという痛ましい事故がありました。

空襲で業務が一時ストップした病院は、宮城郡広瀬村（現在の仙台市青葉区）愛子《あやし》国民学校へ移転、間もなく青根温泉の分院に移ります。しかし、仙台市内に病院がないと何かと不便です。そこで、同年十月十日、東八番丁、片倉製糸工業株式会社工場の一部を借りて診療を再開しました。

この建物は、同製糸の医務室と寄宿舎で、病院とし

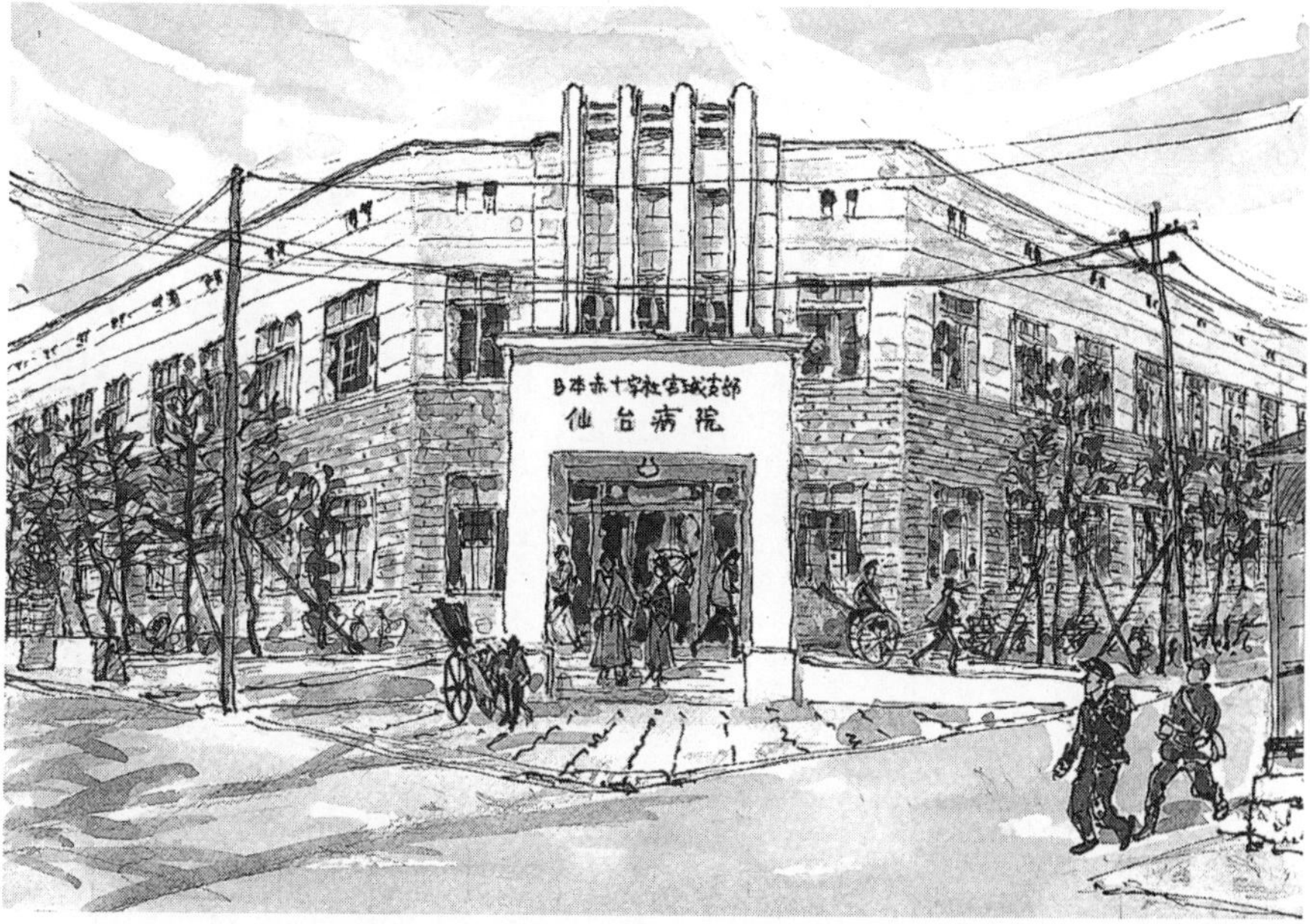

仙台赤十字病院は、県庁の北側にあった日赤県支部内で誕生した

て造った建物ではありません。空襲にもめげずに焼け残った七百坪の場所に、内科、外科、小児科、眼科、耳鼻咽喉科、産婦人科、歯科、放射線科の八診療科を開設しました。ベッド数は百。ここで医師八人、薬剤師四人、看護婦五十七人が働きました。戦争が終わったとはいえ、病院には海軍の傷病兵が入院していました。一般の患者と一緒に治療を受けていましたが、十一月になって海軍の人たちは会津若松市の東山温泉療養所に移されました。

仙台病院は、畳敷きの障子張りで、ここにベッドを置いていました。看護婦寮に入っていた吉木八重さんは「寮と事務室、医局が同じ棟にあり、出される食事は、朝がワカメの入ったおかゆ、昼はトウモロコシ粉をフライパンで揚げたパンでした。食糧事情が悪く、外来勤務は手術日を除き半日勤務。看護婦の服装がまちまちで、服は医師用の回診衣、靴はぞうりをはきました。この年の忘年会はどぶろくで乾杯しました」と、「病院誌」に書いています。

建設地は清水小路付近がいいだろう

終戦からしばらくして仙台で全国赤十字大会が開かれ、秩父宮妃殿下がおいでになりました。妃殿下は「昼食を終えたら仙台の赤十字病院を視察したい」と突然おっしゃいました。焼け残った工場の一部、畳敷きに障子張りの病院ですから、佐藤基病院長、宮城音五郎知事、日赤県支部の方々そろって固辞したのですが、どうしてもとおっしゃる。妃殿下は、決められた時間に来院され、清潔とは言えない病室、診察室、きしむ廊下などをつぶさに見学されました。これが、幸いしたのか、その後病院再建の話が急に進み出したのです。

宮城県などと協議した結果、新しい病院の場所は清水小路付近（現在の五橋）がいいだろうということになりました。総合病院の配置状況を見て、この地区が手薄だと分かったからです。当時、市内には大きい総合病院が北部に東北大医学部付属病院、東二番丁の現在のタワービルの場所に仙台市立病院、南に東北大医学部長町病院、東には国立仙台病院がありました。荒町、南小泉、南材木町、向山、連坊小路の五つの学区内には、総合病院がありませんでした。

清水小路の、現在仙台市福祉プラザがあるところに呉服店経営、大内源太右衛門さん所有の約三千坪の土地と屋敷があり、家族が住んでいました。周囲の環境も抜群、表通りを仙台市電が通る交通の便のいい場所です。このうちの約二千五百坪を大内さんから譲ってもらおうと交渉しました。

大内さんは首を縦に振りません。昭和二十四年七月、近所の五小学校学区の代表は、学区民二万一千八十一人の署名を添えて病院建設早期実現の陳情書を提出します。売買交渉がまとまらなかったのは、補償額の問題もありましたが、この敷地に「清奇園」と呼ばれる大庭園があり、この保存をめぐって話が平行線をたどったからです。病院誌はこの交渉については奥歯に物が挟まったように遠慮がちな記述をしています。同病院の小野寺俊彦事務部長は「当方としては元の家主に協力していただき清水小路に病院建設ができたという

清水小路にあったころの日赤病院

感謝の気持ちがあります。家主の家族が今も仙台に住んでいらっしゃるし、昔のことはあまり表ざたにはしないようにしています」と話しています。

それは十分理解できます。が、話の順序として、どういう経過をたどって新しい病院が誕生したのかは知りたいところです。結論から言うと、交渉まとまらず宮城県は土地収用法を発動して強制収用を決意、一方大内さんは民事訴訟で対抗するという最悪の事態になりました。両者の交渉がまとまって和解が成立したのは昭和二十年代の後半でした。和解条件のひとつとして「敷地内にある大庭園を残すように日赤病院は努力する」との一項目が加えられました。

庭園は、仙台藩の家老だった山内氏が造園したのが始まりと言われます。その後人手に渡り庭園も改造されました。当時の写真には庭園の池の真ん中に松の枝が伸びており、池にはハスがたくさん植えてあります。「病院誌」には「昭和二十九年十一月三日仙台市清水小路に病院建設のため起工式を挙行」。同三十一年八月九日に病院落成式挙行、同九月二十五日、旧病舎を片倉製糸に返還との記述が見られます。

県下に誇る名園付き　池にはカモも

昭和三十一年八月、仙台市清水小路（現在の五橋）に新しい病院が完成しました。敷地約二千五百坪、中央に県下に誇る名庭園を残し、国道4号に面して鉄筋コンクリート二階建ての建物（一千八十四坪）が造られました。診療科は内科、外科、小児科、眼科、産婦人科、耳鼻咽喉科、整形外科、皮膚泌尿器科、放射線科、歯科の十科。病棟は二百床ありました。前の病院に比べて、整形外科、皮膚泌尿器科の二診療科が増え、ベッドの数は二倍になりました。それから六年後の同四十年五月には、庭園を挟んだ西側に鉄筋コンクリート六階建ての新しい病棟が完成します。患者が増えて病棟などが不足をきたしたからでした。ベッド数は合計で三百になりました。

病院が八木山に移るまで二十六年間、ここで診療が行われました。前の建物があまりにもひどかったせいか、白亜の建物はまぶしく感じられました。元小児科医長の梅宮ミヤさんは「仙台赤十字病院誌」の中で「老朽化がひどくて患者さんが減っていた東八番丁の古い病院から比べると、今度は立派な病院で、職員は喜々として引っ越しました。新しい建物に入ると、人間までハイカラでお利口に見えてくるから不思議です。今までの隠忍、沈滞していた空気も日々に薄らぎ患者さんはどんどん増えて来ました」。一方、昭和三十六年四月から同病院に勤務した元産婦人科副部長の竹山恒男さんは「病院の中央にある庭園は池も奥の築山も整備され、昼休みの散策にはもってこいだった」。元第二呼吸器科部長中村マサさんは「患者さんの餌付けで池にはたくさんのカモが来るようになりました。そのうちに、五羽のひながかえって、親鳥の後について池の中を泳ぐようになり、かわいい姿がテレビで取り上げられたりしました」と思い出を語っています。

看護婦長の菊田せい子さんは「昭和三十年四月、ソ連（現在のロシア）からの引き揚げ船『興安丸』でナホトカから八十八人の人たちを無事祖国にお連れしました。翌年、清水小路の新しい病院に移り、私は病棟勤務になりましたが、第一病棟は内科、外科、産婦人

名園といわれた大内さんの庭園。池の中心部へ松が伸びている

科、小児科、眼科、耳鼻科の混合病棟で十床の病室に常時十二人を入れているところもあり、忙しい病棟でした」と記しています。病院のすぐ前は交通量の多い国道4号線です。「宿直のとき騒音に悩まされて苦労した。今となってはなつかしい思い出ですが」と元会計課長の砂金運平さん。

昭和五十年九月十六日、仙台市の島野武市長から日赤宮城県支部に一通の文書が届けられ、日赤病院の在り方をめぐって急に騒がしくなりました。文書にはこうありました。「仙台市立病院を、仙台赤十字病院の真向かいにある三島学園の学校跡地（約四千五百坪）に移転建築したい。開業予定は昭和五十五年四月」。市立病院は、東二番丁通りの現在のタワービルの場所にありましたが、手狭になったので、移転することになったのです。しかも病院の適正配置からみて、ふたつの病院が向かい合っている必要はあるまい、というのが市首脳の考え方でした。こうなると移転するのは日赤病院の方です。

市立病院が来るなら移りましょう

昭和五十年、仙台赤十字病院の真向かいに仙台市立病院の移転が決まり、その結果、玉突きゲームのように日赤病院は八木山に移ることになります。

日赤病院移転のきっかけとなる市立病院は、昭和五年二月に作られました。その二年前の市議会で昭和天皇即位の記念行事として市立病院と博物館建設が話題になり、市立病院は満場一致採択、博物館は不採択となっていました。市立病院設立の目的には「中産階級以下の病気治療、保健増進を目的とし、実費ならびに無料診察をなさんがため」とあります。当時は世界中不況が覆い、国内でも失業者が多く、よどんだ苦しい時代でした。

病院の建物は現在のタワービルの場所にあり、広さ二千三百坪、木造二階建て延べ九百坪ありました。もともとは明治初期に作られた裁判所の建物です。昭和二年、裁判所が片平丁に移転したので、仙台市がこの建物を取得しました。市では当時、表小路の現在の市役所本庁舎の所に、鉄筋コンクリートの市庁舎を建設中で、この建物は一時、市の仮庁舎として使われました。昭和四年、市庁舎完成後は使用の予定もないままになっていました。

仙台市立病院発行の「五十年のあゆみ」によると、最初はベッド数三十、職員は医師五人、看護婦九人など二十二人で内科、外科、小児科、耳鼻咽喉科、眼科の五つの診療科を持つ、こぢんまりした病院でした。市長が東北大医学部の加藤豊治郎教授に相談した結果、内科の一見赴夫博士を院長に、外科の田上実博士を副院長に決定しました。一見院長は、昭和三十七年六月に退職するまで、三十二年間市立病院の運営に携わり、名物院長と親しまれました。

昭和十一年、鉄筋四階建て二百四十床の病院に改築されます。昭和二十年七月の米軍による空襲で本館を残して焼失してしまいます。戦後、物資のない時期に改築に改築を重ね、昭和三十三年診療科十三科、三百十床の総合病院、同三十九年救急病院に指定されました。しかし、建物が狭い上に、老朽化して現代医療に対応できなくなり移転を検討していました。

たまたま、清水小路の日赤病院前にあった三島学園女子高校（現東北生活文化大学高校）が、昭和四十九年、虹の丘に移転したので市でこの土地約四千五百坪を買収、市立病院の敷地に充てることになったのです。三島学園は、岩手県江刺市（現奥州市）出身の三島駒治、水沢市（現奥州市）出身のよし夫妻が明治三十六年に東北女子職業学校として設立、東三番丁で授業を開始したのが始まりです。創立の精神は実学実践を重んじる教育にありました。大正二年、清水小路に移転、戦後学制改革で三島学園女子高校と名称が変わりました。

市立病院が、清水小路に移るとすぐ前には日赤病院があります。大きな病院が向かい合って競合する必要はあるまいというのが当時の仙台市幹部の考えでした。日赤を移転させ、老人、リハビリの拠点に、新しい市立病院は救急患者というふうに仕事を分担したらどうだろうかという考えです。

仙台市立病院は、昭和５年、裁判所だった建物を使って開業した

できるだけ緑を残すが移転の条件

日赤病院が八木山移転に向けて大きく動き出すのは昭和五十年の秋からです。移転候補地の選定、地域住民の誘致運動などが賑やかに繰り広げられました。このへんの事情、経緯は仙台赤十字病院発行の「病院誌」の中で当時事務部長をしていた菅原重雄さんが克明に書いています。仙台市で作った「市立病院五十五年のあゆみ」にも記述が見られます。

「日赤病院八木山誘致の期成同盟会」が結成されたのは昭和五十年十一月三日です。参加したのは八木山、西多賀、向山の各連合町内会で、署名運動をはじめ、十一月十五日には山本知事、県議会、島野仙台市長、市議会にそれぞれ請願書を提出する早業です。

仙台市議会では、同五十年と翌五十一年の十二月議会で日赤病院移転問題が出されました。質問者のひとり当時社会党市議・千葉義二さん（八木山緑町）は「八木山には十指を超す医院がありますが、入院設備を持つ病院はごくわずかであります。住民は一日も早く日赤病院が移転し地域住民の医療体制が整備されることを願っております」と結びました。

病院の候補地として仙台市は、市が所有している八木山本町二丁目の約一万八千五百坪の提供を了承しました。実は、その前に日赤では清水小路の病院がそろそろ手狭になってきたので、この土地とは別に、移転先としてすでに八木山の丘陵地約一万六千坪を取得していました。ところが同五十年六月、「杜の都の環境をつくる条例」でこの場所は市中心部周辺の緑を守るため、開発を認めない保存緑地に指定され、病院建築は絶望的になってしまったのです。そこで、日赤病院では市立病院移転の話が具体化してきた時期に、市に対して代替地の提供を求めました。

市は「(日赤についてだけ) 便宜をはかったら、民間デベロッパーにも問題が波及する」と難色を示します。しかし、(一) 日赤病院は市立病院との絡みで移転を強いられている (二) 病院は公共性の高い施設である—ことなどから、市は日赤の希望する八木山本町の市所有地を譲渡することを決定しました。

しかし、ここも保全緑地指定の場所です。緑の保全を優先すべきか、病院建設か、で決断を迫られた市緑地審議会は現地調査を行った結果、できるだけ緑をそこなわない方法で病院用地を確保するとの条件で了承しました。昭和五十一年十一月のことです。

こうして協議が整い、同五十三年四月、緑地協定が結ばれました。当時の日赤病院事務部長菅原重雄さんによると、この協定がまた大変厳しく、旧亜炭坑の処理、緑地保全に厳しい網を掛けていました。亜炭坑は戦前から戦後にかけて八木山のあちこちで掘られていました。その跡が残っています。日赤病院建設予定地の中にあった坑口の位置、深さを確認の上、エアモルタルで埋めるという作業をすることになりました。緑地保全の問題は病院建設によって失われる樹木を植え直して緑あふれる環境を保持しようというものです。そこで、枯れたり破損した樹木は補植することなども含め、自然の緑地と造成緑地を合計すると全体の四一・九パーセントになるよう配慮しました。

日赤病院が八木山に移った場合、清水小路の病院敷地の後利用が問題になります。何しろ市の中心部の一等地です。大手建設会社など様々な所から「買いたい」と打診がありました。広大な土地なので、民間取引では国土法の適用を受け、県、市が指導して適正価格で取引しなければなりません。さらに、ここの庭園の始末をどうするかも課題のひとつになりました。

仙台市は、当時、地下鉄建設を計画しており、地下鉄駅として一部を使うほかに建設中の市立病院の駐車場などに充てる目的で、仙台市土地開発公社が先行取得することが決定、同五十五年三月、土地売買契約を結びました。

前にも紹介したように、この庭は、江戸時代、仙台藩の家老だった山内氏が造園したのが始まりと言われ、仙台でも名の通った庭園として知られていました。日赤病院が病院を造るときも前の所有者から庭園保存を要請され、元の姿のまま残したいきさつがありました。今、この場所は仙台市の福祉プラザがあり、道路に面したところは池のあるしゃれた庭園が作られています。昔の庭にはとても及びませんが、せめても名残をとどめようと仙台市が造園したのです。

緑のど真ん中　まるで森林浴みたい

仙台赤十字病院は、昭和五十七年六月五日、八木山で診療を開始しました。新しい病院は、面積が一万八千五百坪、動物公園から南団地に行く幅二十二メートルの市道で分断されています。東側が鉄筋コンクリート八階建ての病院本館、西側に鉄筋五階建ての看護婦宿舎、同二階建ての医師宿泊所があり、道路をまたいで地下道で結んでいます。

仙台市の保全緑地に指定されている関係から、全面積の四一・九パーセントは自然のものであれ造成したものであれ緑地にする約束で所有者の仙台市から買い求めたのです。四割が緑です。病院の敷地に入ると森林浴でもしているように健康的な雰囲気と落ち着きが感じられます。

新しい病院は全部で十九の診療科、病床は四百十五ベッドです。同病院が清水小路に移った昭和三十一年のころは十の診療科、ベッド数は二百でしたから、診療科が九つ、ベッドは二百五十も増えました。このほかに周産期集中治療施設、小児医療センターが併設され、老人医療、リハビリテーション医療、救急医療を柱に、最新の医療機械を導入しました。会議室には災害時に救急患者が収容できるように給排水設備、医療ガスの配管も完備されています。

落成記念の式典は六月五日午後一時半から病院内で行われました。常陸宮妃殿下の華子さんから「仙台赤十字病院が医学の進歩、地域住民の要請にこたえるため、近代的な病院に生まれ変わったことは、日本赤十字社にとっても地域にとっても大変喜ばしいことと思われます。これを機に職員一同一致協力し、住民の保健と福祉の向上、医療の確保に貢献されることを希望いたします」とのお言葉がありました。工事経過報告をした同病院の菅原重雄事務部長は「当地区は仙台市の緑化保存地域に指定されておりましたが、八木山、西多賀両連合町内会の方々が誘致期成同盟会を結成され、強力に関係方面に陳情、請願の結果、仙台市当局より現在地をご割愛いただきました。厚く感謝いたし

緑に囲まれた八木山の日赤病院

ます」と述べ、地域住民の熱意が病院移転につながったことを力説しました。

これに先立つこと四年前から、宮城県、日赤県支部、日赤病院の三者で何度も話し合った結果、病院の性格は（一）宮城県策定の新長期総合計画のなかの地域医療体制の一翼をになう（二）地域センター病院の機能を備えた総合病院として、高度の診療機能を整備する（三）社会福祉施設との密接な連携を保ち、一環した医療を行う—ことにしました。日赤は普通の病院とは違った公共性の高い立場にあります。単なる患者の診療だけでなく、たくさんの課題が要請されます。例えば、災害時の活躍、小児医療の充実、リハビリテーションの実施、老人医療の担当、療養型の特別養護老人ホームの設置、無医地区の医療担当などです。が、肝心の財源は不明確なところもあり、心配の種でした。

「助っ人」を買って出たのは、宮城県です。昭和五十三年三月の県議会で赤十字病院に総額三十八億五千万円の助成を決定したのです。当時の山本知事は、小児医療センターについて理解を示していました。

赤ちゃんを大切に育てるために

仙台赤十字病院の本館四階に「周産期センター新生児未熟児集中治療部」があります。病院内では英語の頭文字を取ってＮＩＣＵと呼んでいます。ひとくちで言うと、危険な状態にある母体、胎児の集中管理、極小未熟児をはじめとする低出生体重児、異常新生児の集中管理をしているところです。小児科から医師五人、産婦人科から医師四人、このほかに看護婦四十人、検査技師などが交替で見守っています。

先日、見学させてもらいました。部屋には保育器がたくさんあり、ばい菌から赤ちゃんを守るために、一定の温度で保たれています。ちょうど家族の面会日で、おかあさんたちが病院から借りた帽子、服などを着て保育器の前で子供をだっこしていました。部屋の外からガラス越しに子供を眺めているおとうさんの姿もありました。

センターは、昭和五十七年に誕生しました。病院が清水小路から移転してきた年です。移転前、同病院では各診療科に対して新しい病院の「目玉」を募集しました。老人医療、リハビリテーション医療、救急医療などと併せて第一産婦人科部長の森滋先生が提案した周産期集中治療施設、小児医療センター併設が採用されたのです。

昭和五十一年、鹿児島市立病院で五つ子が誕生しました。おとうさんは山下さんというＮＨＫの記者です。「五つ子誕生」がきっかけになって新生児医療に対する関心が高まり、全国各地に新生児未熟児集中治療室がつくられ始めた時期だったのです。

このような事業には多額のお金がかかります。幸い当時の山本宮城県知事は、仙台赤十字病院でこの種の施設をつくることに理解を示し、財政援助は県の手でやりたいと県議会で表明、総額三十八億五千万円を予算化しました。このお金は十年計画で県から病院に支払われ感謝されました。

そのころ、ＮＩＣＵは、すでに岡山、香川、静岡の三県の病院で実施されていました。森先生は「関東から西には新生児医療施設がたくさんあるのに、東北に

24時間体制で新生児や未熟児の集中治療に当たっている

は少なかった。どうせやるなら、母体のまま入院させて出産、治療を一貫してできる先駆的な施設をつくろうと思った」と開設当時を振り返って語ります。

また、昭和五十八年発行の「仙台赤十字病院誌」の中で森先生は「（八木山に移転した）新病院の産婦人科は面目を一新した。周産期集中治療施設を充実したからである。もし人の一生に二大難関があるとすれば、出生前後は最初の大関門であり、これを充実したいと思うのは産科医の夢である。周産期医学は日進月歩の進歩をとげている。幸い新病院の分娩室、新生児未熟児集中治療室は近代装備を備えている。早産未熟児の出生を防止し、異常児出生の頻度が少なくなるのを期待しながら治療に当たりたい」と書いています。

ＮＩＣＵ誕生の経過を同病院産婦人科の多田和弘先生（平成十年定年退職）が同病院で発行した医学雑誌に書いています。多田先生は語ります。「何でも新しいものをつくるのは大変なことです。仙台赤十字病院の周産期施設も、どんな人員体制で臨むべきか、機械は、薬品はと分からないことだらけでした。結局、産科医五人に小児科医二人を交えたチームでスタートするのですがそれに先立って医師、看護婦たちは手分けして各地の病院に勉強に行きました。私は皇族方がお産される東京の日赤産院でお正月を挟んで四カ月間研修を受けました。『三年は研修してもらわないと本当のことは分かりませんよ』と言われながら、何とか勉強して報告書を出したのを覚えています」。

そのころ、第三小児科部長でNICUの責任者だった中江信義先生（五十歳）は、昭和五十七年、東北大医学部から赤十字病院勤務に変わりました。と同時に、NICUの担当を命ぜられ、十年前に日本で初めてNICUをつくった先進地・国立岡山病院で一年間研修を受けてきました。

早いもので、周産期センター発足から十七年が過ぎました。この間、同センターへ入院した赤ちゃんの総数は三千四百六十人にのぼっています。年平均にすると二百四人になります。このうち、危険な状態にある母体の搬送が一千九百四人もあり、全体の五五パーセントを占めています。発足時は、東北でただひとつの施設ということもあって、東北各地から患者が訪れました。その後、各地で施設を充実したこともあって、現在は宮城県が中心になりました。

中江先生は「二十年前は千グラム未満の超未熟児はほとんど助かりませんでした。今では、七百グラム以上ならば助かる確率は高い。しかも助かるだけでなく、後遺症を残さないことが当たり前の目標になっています」と話しています。

このような、活動が認められて、平成五年「河北文化賞」が贈られました。「新生児未熟児の集中管理で死亡率を大幅に下げ、医療への貢献が顕著である」というのが表彰の理由です。NICUの部屋の壁には、このとき贈られた文化賞の盾が誇らしげに飾ってあります。実際、赤十字病院の施設が発足する前の昭和五十六年、宮城県の新生児死亡率は、人口千人当たり六・六人で、全国平均を一・六人も上回り、全国ワースト3でした。それが、平成三年には全国平均を〇・一人下回る二・六人に改善されました。

しかし、ひとつの医療施設で、県全体の需要はまかなえません。そこで平成八年から、この種の医療を担っている宮城県内八病院をネットワーク通信網で結び、ベッドの空き具合を知らせ合っています。さらに、宮城県では、平成十五年、仙台市青葉区落合に県立こども病院を開設しました。

日本でも珍しい松並木を守ろう

東北大学工学部の近江隆・助教授（現在教授）が、訪ねてこられたのは平成五年十月のことでした。近江さんは、かつて八木山に住んでいたことがあり、旧知の間柄です。都市工学が専門で、自然と調和した街づくりなどについていろいろ提案されています。

話というのは、こういうことでした。先生の教室（建築学科建築計画第一講座）で、八木山の松並木に興味を持って研究することになった。ついては、昔から屋敷の中に松がある人に、松にまつわる話を聞きたい。しかるべき人を紹介してほしいというのです。私は、八木山歴史講座を連載中の新聞に、予定を変更して「世にも不思議な松並木　謎解きを手伝って」と読者の協力を呼び掛けました。その後、卒業論文に「八木山松並木物語」を選んだ工学部四年生の宮本知明さんが、松と住居のかかわりを住民から聞き取り調査し、論文を仕上げました。以後、近江教室と八木山住民のつきあいが続いています。

この松は、今でも東北放送会館付近から、東北工業大学を経て八木山動物公園に行く道路の両側に、集中的に百八十本ほど見ることができます。すでに、紹介したように、山にけものみちしかなかった大正末期から昭和にかけて、八木家五代目久兵衛さんが現在の動物公園のところに建設する野球場、遊園地、公園、運動場に行くための道路を作った際、道の両側に植えた木が、七十余年を経て大きく成長したのです。もちろん、当時は道の両側には家は一軒もありませんでした。

「そこがおもしろい所なのです」と近江さんは言います。どこでも、並木は街があり、道路があって初めて生まれるものです。ここの松並木は、そのような既成概念を覆す、不思議で、発見に満ちた並木なのだ、とおっしゃいます。ずっと住んでいると空気みたいなもので、意識して、あまり考えたこともなかったのですが、日本でも珍しい並木だそうです。

近江さんが書いたものを引用します。

「ここの並木は公道上の歩道に同一種の樹木が規則

正しく直列的に並んでいるのとは異なる。並木の松は周囲の山の自然の一部であり、あたかも歩道を塞ぐがごとく、また、人の出入りや車の出入りを邪魔するがごとく、公道上にあり、私邸内にある。多くの松が開発の歴史の中で失われてきたが、残った松は私庭のさまざまな庭木とともにアンサンブルをなし、孤独にたたずみ、また、その姿態は思い思いである」

「ここでは、松は先住者である。その松を生かして造る住宅や建物の環境は、木とともにある居住者の豊かな精神性とともに、松の木に寄せる彼らの熱い思いと喜怒哀楽を人々に伝える。その意味で、この並木は、自然との共生のありうべき姿と人間のご都合主義との違いをはっきりと人々の眼前に示す生きた教科書である」

仙台市では、毎年優れたより美しい、より仙台らしい町並み、景観づくりに貢献している建物などに「都市景観賞」を贈っています。平成六年の大賞には八木山のシンボル、松並木が受賞しました。四百八件の候補のなかから見事選ばれ、松並木を敷地内に持つ東北工業大学や企業、個人など十五人の関係者が表彰されました。

仙台市都市景観賞審査会（委員長・土屋瑞穂宮城教育大学教授）は授賞の理由として「昭和初期に植えられてから、道路整備や開発のなか、その姿を変えつつも当初の面影を随所に残している」ことをあげ、歴史性とともに、松のほとんどが企業や個人の敷地内にあることから所有者の努力を評価し「街なかのケヤキ並木に勝るとも劣らない景観」とおほめにあずかりました。都市景観賞は、この年で五回目ですが、この制度がスタートしてから三回は大賞の該当がなく、四回目の平成四年に初めて「SENDAI光のページェント」が選ばれています。松並木は二回目でした。

この受賞がはずみになって、八木山の集会所では、地域の人と、近江先生や東北大工学部建築学科の有志が参加して「八木山松並木を語る会」が何度か開かれました。会合では、松並木の保存が大きな話題になりました。現状はどうなっているのか、問題は何か、今後どうすればいいのかなど真剣に話し合われました。この中で、松はアメリカヒロヒトリの被害を受けていることが報告され、市の助成で薬剤散布が行われました。また、受賞記念に、東北放送会館前の、枝ぶりのいい松を「久兵衛松」と名付けて顕彰しました。

だが、松の保存は並大抵のことではできません。台風、大風、大雨、そして雪には弱く、枝が折れたり、倒壊したケースは何度となくあります。しかも、保存はすべて個人の責任で行われているのです。今、つぶさに点検すると、松並木の保存状態のいいところは、東北工業大学、東北大学、東北放送、紅久株式会社など、官公庁や保存に理解を示している企業の所有地に限られています。逆に言うと、個人での保存はもう限界ではないかと思っています。

景観大賞は、八木山の住民に緑の大切さを教えてくれたような気がします。八木山地区を撮影した二枚の航空写真、一枚は昭和三十二年、もう一枚は二十年後のものを比較すると、最初のものには一面緑の山が見えるのに、仙台でも有数の団地になったころは、緑の部分が極端に少なくなっているのが分かります。

平成九年三月、八十五歳で亡くなった、東北大学の元学長、加藤陸奥雄さんは、八木山の緑に深い関心を寄せていたひとりで、「八木山の松並木を語る会」にも顔を見せていました。専門は昆虫学で、小さいころから父君に連れられて、胴乱を肩に八木山など郊外の丘陵地をくまなく歩きました。

長い物語を終えるにあたって、加藤さんが書いた「八木山への思い」を紹介します。八木山連合町内会発足十周年記念誌に寄せられたものです。

「当時は大年寺山から今の八木山神社に抜ける尾根道の南斜面には見事なモミ林があり、そこに下る山道があった。モミ林はもうないし、道路も今は舗装されているが、その山道をおりると小さな沼と湿地帯があり、よく採集に出かけた。沢のあたりにはサクラソウがあり、沼は淡水プランクトンのいい採集場であった。ここで小学生のころ、父から初めてアリジゴクを教えてもらった。モウセンゴケやミズゴケを知ったのもこの界隈である」

しかし、戦後このあたりの沢から丘にかけて開拓の手が伸び、昭和三十年代後半のなると、市街地が見事としか言いようのないように広がっていくのです。

「あれもこれも、すべては夢のような過去の姿である。今の八木山を歩きつつも、昔の姿を思い浮かべることのできるのは楽しい、幸せなことであると思う一方で、ブルドーザーで山を削り、沢を埋めて殺風景なものとし、後になって味気無い小公園みたいなものを作るとは、無きにまさるとは言え、自然が与えてくれた美しい環境を、あるがままの姿で取り組んだ街づくりは出来ないものだろうかと、今さら及ばぬ愚痴を言いたくなる」

確かに江戸のころから、つい四十年ほど前まで八木山は緑に覆われていました。江戸のころの仙台藩も、大正からの所有者八木久兵衛さんも、緑の守護者でした。昭和三十年代から始まる宅地造成は、加藤さんの表現を借りれば「自然が与えてくれた美しい環境を、あるがままの姿で」開発しなかったので、緑少ない細切れ団地があちこちに出来てしまいました。何百年と続いてきた八木山の緑を私たちの世代が、寄ってたかって破壊したという反省があります。かつて久兵衛さんは、八木山を「緑あふれる、空気の澄んだ、健康保全に最適の地」とほめたたえ、運動や散策の施設をここに造りました。これを誇りにし、子孫には、なんとしても元の姿に戻した緑の樹海を引き継ぎたいものです。

見事な松にふさわしい愛称は「久兵衛松」に決定した

あとがき

出版の話が進んでいたとき、河北新報社出版部のベテランデスク中村和則副部長は言いました。「東北六県向け、宮城県向けの本はたくさん作ってきたけど、仙台のごく限られた地域を対象にした本は、初めてなんですよ。どういう売れ行きになるのかなあ」。

ご心配をかけます。確かに、この本は、仙台市太白区八木山地区の「ルーツ調べ」です。限られた地域の話題とも言えるでしょう。が、物語の主人公「ふたりの久兵衛さん」のスケールの大きい生きざまには、地域を超えた共感があるはずです。大正末期から昭和にかけて、当時不治のやまいと恐れられていた結核患者が、少しでも減るのを期待して、現在のお金にして三十億円を超す私財を使って山に市民が運動したり、散策できる運動施設や公園、遊園地を造り、そっくり宮城県や仙台市に寄付してしまうのですから。それが、八木山開発の原点でもありました。

新聞の連載企画を全面的に書き直しました。平成二年四月から連載を始め、現在も続いています。最初「連載六十回を目指します」などと書いたのですが、いざやってみると、予定の二倍の紙数を費やしても終わらず、満十年のロングランになってしまいました。八木山は、それほど魅力にあふれた街だと思って下さい。

調べてみて、わずか七十年程度前のことなのに、それは、途方もない昔なのだと実感しました。すでに鬼籍に入った方がいかに多いことか。二十年ほど前に取り掛かれば聞きたい人もご存命中だったのにと悔やまれます。後悔先に立たずです。それでも、多くの方から取材することができました。連載中は読者から情報を教えていただき、間違いを指摘してもらい、声援のお便りをいただきました。改めて、ひとりひとりお礼を申し上げに回りたいくらいです。中でも、山の所有者「紅久株式会社」の八木栄治さんはじめ八木家の皆さん、かつて仙台市向山小学校勤務中に「向山付近の地誌概要」を編集され、八木山の歴史にスポットを当てた新関昌利先生にはお世話になりました。

無理難題をいやな顔ひとつせずに、無事こなしていただいている、さしえ担当の日本水彩画会会員、村上典夫さんにもお礼の言葉を贈ります。村上さんは、私のおさななじみです。八木山の住人ではありません。連載が始まったころは、仙台市東六番丁小学校の教頭先生で、多忙な中でのスタートでした。今では時間のゆとりができて、現場に出向き、一作一作個展に出す気持ちでかいているという、熱の入れようです。装画についても情熱を込めた切り絵の作品を提供していただきました。

河北仙販の向井田洋さんはじめ「さかみち編集部」の歴代編集長、只野明美さんなどスタッフの皆さん、つたない原稿を十年間にわたって厳しく点検、疑問点を指摘して適切な見出しを付けてくれている河北新報社の金野正郎、山田千里さんにも感謝します。この本で、すべての見出しは、ふたりの作品です。また、出版に際し、河北新報社出版部の皆さんには、手取り足取りご指導をいただきました。


蛇足ながら、地域史を執筆する場合、当時の新聞報道が大変参考になるということを、お知らせしておきます。河北新報社には創刊以来百年以上のほとんどの新聞が残っています。何気なく見ているうちに、思わぬ発見をすることもしばしばです。たとえば、八木山に最初のつり橋が完成したのが昭和六年ですが、工事中に作業員が転落死亡しているとか、昭和十年には、一カ月間で三人がつり橋から谷へ飛び込み自殺しているなどの記述はほかの文書には出てきません。新聞で初めて知り得た事実は、このほかにも数多くありました。

登場する人物の肩書きは、原則として連載当時のものにしました。年齢はできるだけ平成十二年一月現在に直しました。連載後鬼籍に入られた方も多く、判明している分は（故人）と記しました。

平成十二年春

著　者

第三版のあとがきに代えて

この本ができた経緯については初版のあとがきで簡単に触れたように、仙台で河北新報を販売する河北仙販が八木山地区の読者に月一回発行していた新聞「さかみち」（平成十九年で廃刊）連載の「八木山あのころ」が基本になっています。それを加筆して平成十二年に上梓してから十年が経ちました。その間、舞台となった八木山地区はいろいろの変化をみせています。その状況を記して第三版のあとがきに代えます。

（1）地下鉄東西線の工事が市動物公園付近で進められています。東西線は若林区荒井の仙台東部道路インター付近を起点に南北線とは仙台駅で交差して西進、青葉通―西公園―川内、青葉山の東北大キャンパスを通って竜ノ口渓谷を渡り市動物公園に至る約一三・九キロの鉄道です。開業は平成二十七年度の予定、八割は地下にもぐります。終点となる市動物公園付近では山がごっそり削られて駅前整備工事が行われています。東西線の建設については政令都市の交通網を整備するという点から評価する声がある半面、莫大な建設費がかかる割にそれに見合う収益が見込めず、財政を圧迫するなど反対の声もあります。

（2）住民の高齢化が目立ちます。八木山地区の宅地造成は昭和二十年代末から町場に近い向山周辺を手始めに高度経済成長の波に乗って奥へ奥へと伸びていきました。かつては子育て世代であふれていた住宅地でしたが、子どもたちが巣立った後は急速な高齢化に見舞われ、仙台市が調査した「中学校学区別高齢者の割合」によると八木山学区は二二％以上が六十五歳以上の高齢者となっています。北仙台、鶴谷学区と並んで市内で最も高い比率を示しています。愛宕学区も中山、台原、南小泉学区と同様一〇％以上一四％未満で、これまた高齢者の多い地区のひとつです。八木山は坂道が多く上り下りが大変です。そのうえ健康、治安の問題も抱えています。「遠くの親戚より近くの他人」のたとえ通り、頼りになるのは近隣社会の絆ではないでしょうか。

（3）八木山地区にあるテレビ局にもデジタル放送に向けて大きな変化が見られました。茂ケ崎に本社があった仙台放送は青葉区上杉に移転、平成十六年十一月から新社屋で放送を開始、同年、東北放送も八木山香澄町の本社わきに四階建ての新社屋を建設しました。

（４）本書がきっかけで八木山野球場跡にある市動物公園アフリカ園に米大リーグのホームラン王ベーブ・ルースのブロンズ像が建立されました。これには太白区松波町、元東北放送アナウンサー吉岡徹也さんの熱心な活動がありました。吉岡さんは現職のころ野球部に所属し、そのころまだ残っていた八木山球場で練習に励みました。その場所で昭和九年十一月九日、日米野球戦が行われ、来日以来ホームランのなかったルースがなんと二本も放ったことを知り、それを後世に伝えようと私財を投じ、寄付集めに東奔西走、ついに念願の建設にこぎつけたのです。銅像は第一号ホームランが飛んでいった中堅左スコアボード跡に建てられ、ホームランを打った記念日に当たる平成十四年十一月九日除幕式が行われました。ルースの等身大一八八センチ、ホームランを打った瞬間をとらえた像です。＝写真＝。仙台出身の彫刻家、谷風像を手掛けた翁観二さんが制作しました。

最後になりますが第三版発行に懇切丁寧なご指導をいただいた河北新報出版センター早坂敏明常務にお礼を申し上げます。

平成二十二年三月

石澤　友隆

著　者

石澤　友隆（いしざわ・ともたか）

昭和9年、仙台市に生まれる。昭和33年早稲田大学教育学部卒業と同時に河北新報社入社、長いこと記者生活を送り、平成6年3月広報局長を最後に定年退社。現在河北ＴＢＣカルチャーセンター講師。著書に「流行歌『ミス・仙台』―郷土仙台の近現代史散歩」、「七月十日は灰の町―仙台空襲と戦争中のこと」（いずれも河北新報出版センター）、「北上山地に生きる」（勁草書房、共著）など。

挿し絵（表紙切り絵も）

村上　典夫（むらかみ・のりお）

昭和３年、仙台市に生まれる。宮城師範、法政大学文学部卒。昭和24年から仙台市内の小、中学校で教鞭を取り、平成元年３月、東六番丁小学校教頭を最後に定年退職。現在日本水彩画会会員、宮城水彩画会参与、宮城県芸術協会絵画部運営委員。「流行歌『ミス・仙台』」「七月十日は灰の町」の挿し絵を手掛ける。

八木山物語

発　行　平成12年２月29日　第１刷
平成22年３月25日　第３刷
著　者　石澤　友隆
発行者　釜萢　正幸
発行所　河北新報出版センター
〒980-0811　仙台市青葉区一番町1―14―35
河北新報総合サービス内
tel 022(214)3811
fax 022(227)7666
http://www.kahoku-ss.co.jp/
印刷所　東北堂印刷株式会社

定価は表紙カバーに表示してあります。
乱丁・落丁本はお取り換えいたします。

ISBN4-87341-138-6　C0021　¥1400E